I0830160

COMO SOBREVIVER
A UM CHEFE IDIOTA

VERA DE MELO

psicóloga clínica

COMO SOBREVIVER A UM CHEFE IDIOTA

um manual para aprender a lidar e a ultrapassar
as adversidades no seu ambiente de trabalho

www.egoeditora.com
geral@egoeditora.com

Ficha Técnica:

Título – Como Sobreviver a um Chefe Idiota
Autora – Vera de Melo
Composição gráfica – EGO
Fotografia da autora – Vera de Melo©
Revisão de Texto – EGO
Paginação – EGO
Edição – EGO
1ª Edição – Novembro 2019
ISBN – 978-1702045865
Depósito Legal – 463226/19

À Matilde e ao Luís,
os que impedem que me torne uma idiota.

ÍNDICE

PREFÁCIO

por João Paulo Petiz

Gestor de Recursos Humanos

*A escolha do autor do
prefácio foi natural. O João é a
prova viva da confiança entre líder
e liderado, o exemplo de partilha
de uma visão comum. Ao João
agradeço pelo desafio constante,
por me ensinar a ser melhor e pela
paixão que coloca em tudo que
faz! Dificilmente algum dia será um
chefe idiota.*

ntes de começar, gostaria de vos referir o porquê de ter aceitado o desafio de escrever este prefácio: porque considero-me um idiota que procura ser um verdadeiro e carismático líder.

Liderança e idiotice são duas palavras que, aparentemente, parecem ser antagónicas. Contudo, não raras vezes, cruzam-se e confundem quem procura o norte no contexto grupal. Assim, gostaria de partilhar algumas das minhas reflexões sobre como é que a liderança pode escapar do fácil e pegajoso caminho que nos leva a sermos, no presente, uns idiotas aspirantes a potenciais líderes. Realço que ser líder, embora sendo uma tarefa apaixonante, envolvente e desafiadora, é difícil pelo facto de estarmos a gerir pessoas.

Primeiramente, a metáfora da bússola é algo que associo a um líder: indica o caminho. A liderança, muitas vezes, de forma idiota, transforma-se num GPS que mostra ao detalhe o caminho ao liderado que, de forma passiva, o conduz à meta da tarefa. Como poderá o líder pedir ao seu colaborador que saiba navegar em rotas diferentes? Liderar é sinónimo de desafiar o outro a abrir o mapa das suas competências para encontrar o seu caminho para a descoberta. Referir que "tens de fazer assim porque é assim" é fazer do exercício de uma tarefa um dogma que enrijecerá, idiotamente, aqueles que estão consigo. Parafraseando um exemplo que presenciei durante vários meses: "Vais descobrir como fazer. Se não o conseguires, eu estarei aqui novamente para te encorajar e dar-te *feedback*".

Em segundo lugar, e continuando o pensamento anterior: *feedback*. Palavra de estupenda importância para um líder. *Feedback* é dar pistas concretas sobre aquilo que se faz. Mas não é assim tão fácil como parece. Lembro-me de uma situação, como se fosse hoje, em que a minha líder me disse "se não és capaz de lidar com o *feedback*, não o partilharei contigo". Isto foi um murro no estômago! O impacto emocional daquelas palavras foi inacreditável. Sentira, num primeiro momento, que tinha falhado e que não estava à altura do desafio. Mas, logo após a nuvem da reatividade ter desaparecido, foi um switch of mind set para que não entrasse no campo da vitimização. Hoje, esse exemplo segue-me, e utilizo-o frequentemente.

Outro tópico que associo sempre a um líder é a confiança.

Já imaginaram o que é um comandante ir para a guerra sem confiar nas suas tropas?

Evidentemente que não faz sentido, mas é um erro muito frequente! A confiança é a força motriz que dinamiza uma equipa. Sem confiança não existe uma equipa, mas um conjunto de pessoas a quem se debita ordens. Confiar é responsabilizar o outro e é potenciar o que o rodeia. Autoridade, disciplina e punição são o veículo arcaico de controlo. Não se pode esperar o melhor de quem está num colete-de-forças de punição constante.

Em seguida, gostaria de falar de contextos. De como é importante ter-se uma perspetiva situacional do momento. A leitura de contextos evitará a idiotice muito frequente de ditar julgamentos rápidos, sem se ler os factos. Este é um dos atalhos mais frequentemente utilizados pelos líderes idiotas que utilizam, com alguma frequência, o argumento "Não quero saber o que se passou!" Ora, o líder deve saber o que se passou. Se o não sabe, como poderá gerir a situação?

A gestão da crítica e do reconhecimento é outro tópico que associo sempre entre os bons líderes e aqueles que, erradamente, acreditam que o são. Uma das máximas que sigo quando estou a gerir equipas é "a crítica em privado e o elogio em público". Eu próprio já senti na pele, em diversas ocasiões, a idiotice e as consequências deste não cumprimento- desde a perceção da humilhação, a sensação de injustiça e a quebra do elo de confiança, passando pela quebra de produtividade, de entreajuda e de flexibilidade. Será necessário continuar a enumerar esta lista catastrófica de consequências? No inverso, já tive a oportunidade de sentir o que é um líder chegar ao nosso lado e, de forma clara mas em contexto resguardado, nos indicar as falhas e as propostas de melhorias. Adivinham qual o efeito produzido? Sensação de agradecimento e reconhecimento. Neste caso, afinal, é tão simples não sermos idiotas!

A liderança está de mãos dadas com a coerência e integridade. Um líder que diz uma coisa e realiza exatamente o oposto cairá no descrédito. "Não podes comer nesta sala", enquanto ele próprio o faz é um exemplo aparentemente absurdo mas frequente de quem confunde liderança com poder. É a promoção da ausência de valores e a instrumentalização da sua posição em benefício próprio.

Ser coerente nas atitudes e na narrativa é um dos pilares de quem ambiciona não ser um líder e não cair no descrédito. Assim, cumprir aquilo a que se propõe torna-se essencial!

Falemos agora do erro. Promover a ausência do erro é assumir que somos perfeitos. "Como foste capaz de fazer isso?", "És maluco?". Reforço, o erro faz parte do crescimento e da confiança que o seu colaborador está a fazer o seu melhor.

Por fim, falemos do imprevisto. Sim, ele existe e irá continuar a existir. Não seja idiota para acreditar que conseguirá controlar tudo à sua volta. Liderança é reconhecer que os imprevistos fazem parte do quotidiano. E, mais que isso, saber como os gerir. Nesta situação lembro-me constantemente de alguém que me mostrou, diariamente, a importância do foco na solução: "Não faz mal, faremos de outra forma. O que achas assim?". Inacreditavelmente, repito, inacreditavelmente, tinha e tem os olhos sempre na solução... e mesmo quando a solução não é óbvia, fomenta a descoberta da mesma em conjunto: "Como poderemos lidar com a situação?". Acreditar que a vida de uma organização e a gestão de pessoas é um *script* desenhado para funcionar de forma perfeita é a certeza de que será um idiota.

Em jeito de conclusão, gostaria de partilhar convosco uma crença: todos, sem exceção, somos, em potência, verdadeiros idiotas ou verdadeiros líderes. Todos nós, mesmo que de forma involuntária, seremos idiotas. Isto porque o líder vive da tomada constante de microdecisões. E todos vamos errar. Nesse sentido, lembre-se: a liderança é uma aprendizagem e a idiotice o refúgio dos seus atalhos. Não se atalhe, vibre com os outros!

João Paulo Petiz

INTRODUÇÃO

Não estão em vias de extinção e multiplicam-se todos os dias. As anedotas proliferam nas mesas dos almoços, satirizando as qualidades ou ausência delas desta nobre criatura, o chefe. A pergunta na mente da maioria dos colaboradores nos nossos dias é "como é que os idiotas se tornam chefes?". Uma pergunta sem resposta óbvia.

Sabemos que é possível um idiota deixar o cargo de chefia, mas isso não significa que ele saia da empresa onde trabalha pelo que, o que é mesmo importante, é reduzir a sua idiotice. Ainda assim, convém ter alguma esperança, afinal de contas nem todos os chefes são idiotas e nem todos os idiotas são chefes.

> ***Um mundo empresarial
> sem idiotas é tão improvável
> quanto impossível.***

A maioria das pessoas é promovida a chefia sem uma preparação prévia, passando a liderar imitando o estilo de liderança do seu antecessor, o que por vezes pode ser verdadeiramente desastroso.

Assim, o verdadeiro desafio passa por desenvolver uma postura tranquila para não se deixar perturbar por um ambiente dominado por um chefe idiota.

É este pois o grande objetivo deste livro: ajudar a desenvolver uma forma eficaz de sobreviver a um chefe idiota.

Vamos a isso?

A IDIOTICE NO SEIO DAS ORGANIZAÇÕES

*Uma chefia tóxica adoece
um colaborador e até a
própria empresa.*

Portugal é um dos países da Zona Euro em que os colaboradores mais horas passam no local de trabalho e que menos produz. Uma das causas para esta baixa produtividade está na má qualidade das chefias das empresas.

Focando-se nos resultados e lucros imediatos a todo o custo, muitas empresas deixam de lado a preocupação com a satisfação dos colaboradores, que são parte fundamental pelos bons resultados que se procuram. Com essa mudança de foco, estão a criar-se culturas tóxicas dentro das organizações.

Nos dias de hoje, a aparência da grande maioria das pessoas é tristonha, cansada, atormentada. Os media reforçam esta imagem algo catastrófica da nossa sociedade, realçando quase só o que de negativo se vai passando. A perceção de que "isto" está mesmo mal permanece enraizada no coletivo. Não há estatísticas oficiais nem discursos de líderes que amenizem esta sensação constante de prejuízos, de carências, de recuos.

Mais importante ainda, instalou-se de forma generalizada um sentimento de vazio, face à enorme incerteza sobre o futuro e a ideia de que ninguém é verdadeiramente responsável, ou responsabilizado, seja sobre o que for. Um vazio que se experimenta também nas organizações, cada vez mais crispadas na luta pela mera sobrevivência, ou pelo alcance de resultados atraentes.

O medo do amanhã transformou-se numa "doença" que tolhe

os movimentos e impede de agir e de lutar pelos ideais que se defende.

Verdadeiros líderes não sabem mais como agir, que estratégias utilizar para alcançar os resultados tão almejados. Numa era de mudança, as estratégias utilizadas outrora não permitem alcançar os mesmos resultados e o medo instala-se.

Procuramos incansavelmente estímulos de qualquer natureza que permitam acreditar que "afinal pode haver alguma esperança". Estamos sempre disponíveis para comprar referenciais de motivação, e para criar um capital de crença no futuro, a partir do que nos é exterior, acreditando que a esperança está, por natureza, nos atos ou nas palavras de outros, que percecionamos como sinais positivos. E daí surgem demasiadas desilusões.

Um ambiente profissional saudável produz satisfação, bem-estar e boas relações entre os colegas de trabalho.

No entanto, nem sempre essas circunstâncias estão presentes. Quando os colaboradores se sentem frustrados, cansados e desmotivados, é muito provável que o ambiente de trabalho seja altamente tóxico.

Um dia difícil no trabalho não significa, necessariamente, que se trabalhe num ambiente tóxico. Um dia difícil pode ser fruto de momentos complicados, relacionados com desafios específicos, que podem causar algum desconforto e frustração, algo natural no ambiente organizacional. Um ambiente tóxico é independente dos desafios do dia-a-dia, e torna a vivência no trabalho insuportável, causando dor e sofrimento diariamente.

Um ambiente de trabalho tóxico é identificado por relações degradantes, atitudes agressivas e muito competitivas e, inclusive, por comportamentos mal-humorados e manipuladores.

Fontes de Toxicidade no Local de Trabalho

1. Chefes

Citados como um dos principais fatores pelo ambiente organizacional tóxico. Chefes tóxicos são aqueles que têm um comportamento mal-intencionado, controlador e maldoso, que abusam do poder e dos seus subordinados, desrespeitando-os e desconsiderando suas ideias e opiniões, com total despreocupação com o seu bem-estar. Quando contrariados, reagem mal, podendo ser agressivos e intimidadores.

2. Colegas

Embora pouco estudado, o comportamento de outros membros da organização (além do chefe) também pode ser tóxico. Às vezes, basta que se quebrem as regras mais básicas da civilidade para que o ambiente perca qualidade. Deixar de dizer por favor e obrigado, silenciar, ignorar, espalhar rumores, até intimidação e ameaças são comportamentos que perturbam muito o ambiente.

Não nos podemos esquecer que as organizações são constituídas por pessoas, pessoas essas que têm crenças, valores e sentimentos. Se estas crenças, valores e sentimentos forem tóxicos, o contexto tenderá também ele a ser tóxico e a contaminar os que o rodeiam ou dele fazem parte. Se pelo contrário, forem saudáveis, constituir-se-á um ambiente propício para as pessoas se sentirem bem, se aceitarem, se respeitarem e considerarem parte de um todo.

3. Processos de Trabalho

A estrutura e organização dos processos de trabalho ou a falta delas podem tornar as condições de trabalho nocivas e tóxicas para os colaboradores.

Em muitos casos, os chefes não são claros nem específicos em relação à forma de como certas tarefas devem ser realizadas, esperando que os seus colaboradores "leiam as suas mentes" ou adivinhem os detalhes. Assim, se a situação se mantiver por algum tempo, a frustração, a insegurança e a desmotivação certamente vão aparecer, conduzindo a situações de conflito, mal-estar e a um ambiente de trabalho tóxico.

4. Ausência de Foco

Uma outra fonte de toxicidade é, sem dúvida, a ausência de foco para o que realmente interessa, o que ocorre quando, na empresa, a maior preocupação recai sobretudo nos interesses próprios, em vez dos interesses da organização. Normalmente, não há possibilidade de subida profissional, e também não são oferecidas formações relevantes para o cargo, nem planos de carreira. As políticas internas são desconhecidas para os colaboradores e mudam sem aviso prévio.

Todos estes comportamentos geram grande incómodo entre os colaboradores e criam um ambiente de trabalho tóxico.

5. Falta de Comunicação

Falta de comunicação é outra fonte de toxicidade. Os problemas de comunicação no trabalho costumam ocorrer quando a comunicação não é direta, quando é incompleta ou, ainda, quando o seu conteúdo não é verdadeiro. Tudo isto, proporciona situações de incerteza e confusão que geram armadilhas mentais nas pessoas envolvidas e, definitivamente, erros ou falhas na atividade profissional. Os mal-entendidos e as dificuldades de comunicação são dos mais frequentes responsáveis para todo o tipo de conflitos. Da falta de comunicação para o "diz-que-disse", passando pelo boato, todos são potenciais geradores de situações menos pacíficas na esfera laboral.

6. Cultura Organizacional

A cultura da organização também merece lugar de destaque. Uma cultura organizacional tóxica apoia comportamentos destrutivos e inibe o comportamento criativo. Culturas onde as pessoas vão deixando acumular situações que as incomodam, sem ir partilhando para ir solucionando, irão provavelmente "explodir" um dia, tornando o ambiente tóxico.

Por outro lado, culturas em que não estão bem definidas as tarefas, onde começam e onde acabam as responsabilidades de cada um, levam a que os conflitos acabem por surgir inevitavelmente, e consequentemente, a gerar ambientes destrutivos.

Culturas com foco no erro e na procura de culpados também potenciam ambientes tóxicos. Após um mau resultado ou algum projeto malsucedido dentro da equipa, é quase inevitável que surja uma troca de acusações. As pessoas tentam apontar responsabilidades a terceiros com vista a livrarem-se das suas próprias culpas, o que raramente traz bons resultados. A tendência é o conflito perdurar e rapidamente gerar o caos, transformando-se num ambiente tóxico.

Consequências da Toxicidade no Local de Trabalho

Todos estas fontes de problemas podem afetar os colaboradores tanto física quanto psicologicamente, tendo efeitos negativos na sensação de bem-estar geral.

Burnout

Esgotamentos, com processos de tomada de decisão pobres e irrefletidos. Nestas circunstâncias, há uma clara redução de produtividade, de concentração e de pensamento criativo.

Colaboradores em ambientes tóxicos deixam de pensar em melhores, mais rápidas e mais eficazes formas de trabalhar. O stress e a exaustão laborais podem provocar sintomas depressivos, ansiedade e perturbações do sono, além de um elevado número de doenças físicas, como a hipertensão, doenças cardiovasculares e diabetes.

Absentismo

Uma das características notáveis num ambiente tóxico é o absentismo. É natural que as pessoas fiquem doentes, tenham consultas médicas ou precisem de comparecer em alguma atividade ocasional que as obrigue a ausentarem se do trabalho. No entanto, quando esse comportamento se torna repetitivo, pode ser um sinal de alerta.

Faltar mais que três vezes por mês, mesmo com justificação médica, é uma forma típica de absentismo.

Quando não há motivos justificados, pode ser um bom indicativo de que existe um ambiente de trabalho tóxico.

Outra forma de absentismo é a ausência mental, ou seja, quando o colaborador até está no ambiente de trabalho, mas na maior parte do tempo faz atividades que não estão relacionadas com as suas tarefas. Este tipo de comportamento pode ser corrigido se o líder se encarregar de aumentar a motivação dos colaboradores. Conseguir alcançar a motivação é fundamental para evitar que o desânimo se espalhe entre todos.

Formas de Mitigação da Toxicidade no Local de Trabalho

Horário de Trabalho

É urgente que os líderes promovam uma cultura empresarial devidamente organizada, que evite alterações constantes de último minuto, que obriguem a trabalhar até altas horas e todas as "emergências" que se intrometem no fim de semana. Devem evitar sobrecarregar os seus colaboradores em horário pós-laboral. O segredo passa por definir planeamentos bem ajustados, objetivos claros, prazos realistas e promover a responsabilidade individual alinhada com a cultura organizacional.

Contar com colaboradores motivados faz toda a diferença nos resultados da empresa. Esses elementos são o combustível de uma equipa eficiente e produtiva, e, por isso, cada vez mais líderes têm procurado cuidar da qualidade do clima organizacional.

Ao promover mais qualidade de vida e satisfação para os seus colaboradores, as organizações terão uma equipa capaz de executar as suas atividades com dedicação e entusiasmo.

Instalações/*Home-Office*

As organizações podem melhorar o ambiente de trabalho através da qualidade das suas instalações, apostando em espaços agradáveis e de descontração, apostando nos materiais que fornecem para o desempenho das tarefas e assegurando que os colaboradores têm o que precisam para um melhor desempenho. Devem igualmente propiciar situações que permitam conciliar a vida pessoal com a profissional, como o *home-office*.

Espírito de Equipa

É importante incentivar as relações interpessoais, promover uma cultura de confiança através de gestos coerentes e consistentes e criar momentos de convívio, como os *teambuldings*, onde em ambiente controlado se resolvem algumas das dificuldades do dia-a-dia.

Feedback e Reconhecimento

E por último, e o mais importante, potenciar uma cultura de *feedback* e reconhecimento contínuos.

GESTOR
VS
LÍDER

*Logo desde o nascimento, uns
são feitos para mandar, outros
para obedecer.*

Aristóteles

A liderança é uma das temáticas que mais atenção tem merecido por parte de investigadores e profissionais dos mais diversos sectores de atividade. Cada nova abordagem critica as anteriores, mas é forçoso reconhecer que todas têm a sua validade. Como é de praxe na construção científica, cada nova teoria acrescenta uma pedra ao edifício conceptual, mais ainda nenhuma delas conseguiu, pelo menos até ao momento, dar a palavra final sobre o que é e tudo o que deve abranger a liderança.

Apesar de ser um tema estudado desde a antiguidade, as questões centrais para a liderança permanecem as mesmas de há 3 mil anos. Bergamini, em 1994, após estudar mais de 3 mil livros e artigos sobre o assunto, concluiu que "não se sabe mais a respeito desses assuntos hoje em dia do que se sabia quando se abordou pela primeira vez o conceito".

A liderança é um conceito que tem sido alvo de várias interpretações e definições. O líder, em geral, tem sido visto como alguém que possui determinadas características inatas ou adquiridas, alguém que se adapta às circunstâncias e ao contexto em que a organização se insere, e alguém que gere conflitos e exerce influência em ambientes ambíguos, complexos e incertos.

Sempre que um indivíduo procura influenciar o comportamento de outros, individualmente ou em grupos, ocorre uma liderança e quando efetiva, a liderança é capaz de levar as organizações de um estado para outro.

Mas a influência por si não é suficiente.

Líderes precisam de ter, juntamente com as suas habilidades de liderança, características particulares, que incluem integridade e um comportamento ético irrepreensível, que transpareça através das suas ações. Tem que ser competente, ter credibilidade, estar recetivo ao diálogo, acreditar nas pessoas que estão sob o seu comando, cumprir as suas promessas e mostrar persistência e tenacidade.

Num ambiente de confiança, o líder promove o respeito, o bem-estar, a sinceridade e o comprometimento dos liderados, que assim respondem melhor e mais prontamente às suas solicitações para atingir as metas da organização.

Liderar é, pois, a capacidade de realizar feitos por meio de outras pessoas, transformando a sua estrutura mental e energizando-as para a ação.

Uma qualidade inigualável, apenas ao alcance de alguns.

O exercício da liderança pressupõe ser líder, não gestor.

Gestores e líderes são pessoas muito diferentes quanto à motivação, à emoção, à história pessoal e à forma de pensar e de agir.

Gestores

Os gestores são mais conservadores e mais analíticos, reagem e adaptam-se aos factos.

Os gestores tendem a adotar atitudes impessoais (e, por vezes, até passivas) relativamente aos objetivos da organização, que são estipulados através de necessidades palpáveis, e não de desejos emocionais. Calculam as vantagens da competição entre colaboradores, planeando o momento mais adequado para agir, antecipando o surgimento de controvérsias e reduzindo as tensões. Para isso negoceiam e discutem. Usam recompensas, punições e outros meios de coação. Preferem trabalhar com pessoas e evitam o trabalho solitário, porque lhes cria uma certa ansiedade.

Por outro lado, procuram manter um baixo nível de envolvimento emocional nessas relações, o que os impede, por vezes, de intuírem os pensamentos e sentimentos dos outros.

A frieza e racionalidade tornam os gestores inacessíveis, desinteressados e manipuladores, procurando manter uma estrutura racional e equilibrada debaixo de controlo.

Líderes

Apesar de raros ainda não estão em extinção. São o ingrediente secreto para reter pessoas. Lideram os outros da forma como gostariam de ser liderados.

Fornecem informação clara e precisa. Motivam e encorajam a alcançar os objetivos. Não há lugar para mistérios, suspenses ou segredos. Sabem que fornecer informação leva as pessoas a sentirem-se parte da solução, respeitadas, reconhecidas, consequentemente mais produtivas. Observam de forma constante o comportamento e tratam todos de igual forma. Aplicam as regras com equilíbrio, de forma justa e igualitária.

Fomentam a confiança e esforçam-se por mantê-la através de gestos coerentes e consistentes. São genuínos.

Apresentam-se como são, vulneráveis, e têm coragem para revelar as suas emoções mais profundas.

Líderes têm a ousadia para se apresentar "nus" à frente dos outros.

Os colaboradores apreciam a sua honestidade, confiam mais, sentindo-se mais próximos, dado que o líder se torna real e ficam impressionados quando assume erros, percecionando-o como humano. Há uma profunda e mais rápida ligação.

São criativos, têm estilos mais imprevisíveis e são mais intuitivos do que racionais. Em vez de se adaptarem, tentam transformar o estado das coisas. Têm uma atitude ativa e não reativa, formando ideias em vez de darem respostas. Como consequência, alteram o modo como as pessoas encaram o que é desejável, possível e necessário.

Desenvolvem novas abordagens para velhos problemas e abrem campos para novas ações. Projetam as suas ideias através de imagens que entusiasmam as pessoas – e só posteriormente desenvolvem as escolhas que lhes irão dar substância.

São simpáticos, têm uma perceção interior que usam nas relações com os outros. Detetam sinais emocionais e tornam-nos significativos numa relação. Atraem fortes sentimentos de identidade e de diferenciação.

As relações humanas em estruturas dominadas por líderes parecem ser turbulentas, intensas e, às vezes, mesmo desorganizadas. Tais atmosferas intensificam a motivação individual e produzem, frequentemente, resultados inesperados.

Assumem que não têm que saber tudo e que nem sempre têm resposta/solução. Aceitam ser natural nem sempre saber como agir, nem mesmo como proceder.

Não tentam parecer, sem ser, investem no que realmente é, afinal ninguém pode, por muito tempo, ter uma capa para si mesmo e outra para a multidão sem no final confundir qual deles é o certo.

Quem tem um líder deve valorizá-lo e apoiá-lo.

Recorde que os valores que demonstra na sua presença são os mesmos na sua ausência. Parece fácil, mas não o é, exige humildade e foco constantes. A maioria dos chefes não são líderes por pura ignorância.

O exercício da liderança pressupõe ser líder (e não meramente gestor), isto é, funcionar como "motor catalisador" do progresso do grupo em direção aos seus objetivos, quaisquer que eles sejam.

IDIOTAS AO PODER

A sociedade transformou-se num aeroporto de idiotas, a cada dia aterra mais um avião lotado.

A busca de soluções fáceis e o pessimismo instalado na atualidade levou ao surgimento de uma verdadeira indústria de formação e/ou treino de líderes, com pacotes a serem vendidos como solução para todos os problemas organizacionais na área. Exatamente por ser um terreno ainda "escorregadio e ilusório", multiplicam-se programas de desenvolvimento de líderes, alicerçados em modelos atuais e antigos, voltados exclusivamente para resultados imediatos, que não são devidamente consolidados por pesquisas sérias e que não contemplam os avanços mais recentes da Psicologia.

Terreno fértil, diria, para proliferarem idiotas. Hoje, nas empresas, vemos colaboradores esgotados, com uma postura corporal de derrota, ombros descaídos, olhos vazios. Vagueiam nos corredores sem objetivos e sem motivação. E o chefe, esse, continua idiota, dono de um sorriso perpétuo.

Mas porque há tantos Chefes Idiotas?

Quando é necessária a contratação de um chefe, muitas vezes opta-se pela promoção de um colaborador da casa, embora se venha a concluir que a escolha é errada. São vários os motivos que fazem com que mais um idiota venha a ser chefe.

1. Efeito Cópia

Em primeiro lugar, idiotas promovem outros idiotas, o que justifica existirem tantos idiotas em cargos de chefia. Os idiotas selecionam idiotas para com eles trabalhar.

A idiotice é um bilhete de primeira classe numa organização. Competência não é um pré-requisito para ser chefe, muito pelo contrário. Muitos líderes, que têm medo de perder o seu lugar, ou que a sua posição deixe de fazer sentido, escolhem idiotas submissos para com eles trabalhar.

2. Oportunidade

Paralelamente, muitas vezes idiotas estão no lugar certo à hora certa e a necessidade torna-os chefes.

3. Falsa Aparência

Os idiotas também parecem inteligentes e focados até revelarem a sua verdadeira personalidade, pelo que muitas das vezes são escolhidos por parecerem ser o que não são.

4. Competência

Por vezes, também um colaborador é promovido a chefe porque é muito bom numa dada tarefa e espera-se que com a sua passagem a chefia generalize este conhecimento e se efetive no desempenho de toda a equipa. Mas na maioria das vezes tal não ocorre.

Trata-se de um dos erros crassos de gestão, retirar pessoas que têm elevado conhecimento numa determinada área e, de repente, acreditar que, por magia, vão ser verdadeiros líderes. Separar pessoas das tarefas que amam, em regra, só as transforma em idiotas.

Espera-se que líderes sem preparação para liderar, apenas por terem excelentes conhecimentos técnicos, lidem de forma adequada com problemas de motivação humana e gestão de pessoas. Impossível. Diariamente apenas se tornam mais idiotas.

E porque se mantêm os Chefes Idiotas, idiotas?

As pessoas promovidas para além da sua competência deviam esforçar-se para se tornarem mais competentes. Mas isso não acontece. Os idiotas não têm maturidade, competências e características humanas para se tornarem líderes, nem capacidade para se autoavaliarem e perceberem que há um longo caminho a percorrer. Facilitar e apoiar o crescimento pessoal e profissional dos subordinados é algo que só está acessível a alguns. Exige capacidade e vontade, características que o idiota nem possui.

Para eles, as evidências de que não são competentes são escassas. Mas mesmo quando percebem que não têm perfil, não têm dignidade, nem coragem para pedir a demissão. Em vez disso, encontram desculpas externas para os seus fracassos e tornam-se ainda mais idiotas. O resto da história é fácil de escrever.

Reféns do dinheiro, da hierarquia, do poder, alimentam-se e tornam-se mais idiotas.

Rodeiam-se igualmente de idiotas pois só esses os fazem sentir confortáveis na sua idiotice.

A partir daí, tratam as pessoas como lixo, pois acreditam ser um caminho para o sucesso pessoal. Acreditam que deixar os outros sentirem-se oprimidos, desrespeitados, desconsiderados técnica e pessoalmente, pode ajudar à sua motivação e fazê-los focar no essencial.

Tratar os outros como lixo enfraquece o desempenho das pessoas, a sua capacidade de tomar decisões, a sua produtividade, criatividade, mas acima de tudo, a sua disponibilidade e motivação.

Uma falha clara na gestão de pessoas, um atraso no caminho para a competitividade organizacional. Quem o pratica, acredita piamente que se trata da melhor solução. No entanto, mais do que um idiota, não passa de um falhado como ser humano.

Infelizmente, os humanos possuem uma extraordinária capacidade de negação e ilusão, o que leva a que a pessoa que trata os outros como lixo nunca tenha noção da gravidade da situação. Acha que tudo está perfeito e maravilhoso.

A dificuldade é que tratar os outros como lixo é contagioso. Se trabalha com alguém que o faça, é provável que venha a fazer parte do grupo, sem se dar conta. E de repente, a empresa transforma-se num aeroporto de idiotas, em que a cada minuto aterra mais um.

CHEFE IDIOTA: REAL OU PRODUTO DA IMAGINAÇÃO?

*Nunca te apoies em expectativas,
procura soluções e segue com
tenacidade rumo à concretização
dos teus sonhos.*

Existirão mesmo chefes idiotas ou não passarão de um produto da nossa imaginação? Serão os colaboradores que criam os chefes idiotas?

Antes de continuar a ler, pense: o seu chefe é mesmo um idiota real ou a idiotice que lhe atribui é fruto da sua imaginação/frustração? Demore o tempo que precisar, afinal de contas é preciso tempo para analisar os outros e a si próprio. Depois de chegar a uma conclusão, retenha apenas:

Se for um chefe idiota real terá de desenvolver estratégias para lidar com ele.

Se for um chefe idiota imaginário, precisa de encontrar estratégias para lidar consigo.

Talvez os chefes idiotas imaginários tenham alguma utilidade e existam para nos manter honestos e humildes. Para fazermos avaliações justas do nosso desempenho. Se eles não existissem, não teríamos alguém para culpar pelos nossos fracassos e desilusões.

Provavelmente, criamo-los para fugir às consequências das nossas ações, para vivermos acima dos erros que cometemos diariamente, ou então simplesmente para não lidar com a falha e todos nos sentirmos melhor. Há que aceitar que a perfeição não existe e viver com a condição de humano, de mediano. Nós somos medianos a maior parte do tempo e assim seremos o resto das nossas vidas. E é maravilhoso ser assim.

Olhe para o bom e para o mau da vida e aprenda a lidar com ambos de igual forma, afinal tudo faz parte da vida.

Aceite com humildade o que não pode mudar e tenha coragem de mudar o que consegue.

Não se esqueça que é preciso sabedoria para aceitar a diferença.

Como reconhecer um Chefe Idiota?

Nunca assistimos a tantas pessoas insatisfeitas com os seus empregos e chefes, como hoje. Aumentam os desabafos nas mesas do almoço, multiplicam-se as situações de pessoas que sofrem com posturas tiranas, agressivas, totalmente reprováveis para quem está no topo de uma organização.

Hoje, há um número infindável de pessoas que aceitaria qualquer nova proposta de trabalho que lhe fosse apresentada, pois já não suporta o ambiente de trabalho onde vive e começa já a dar sinais disso, sejam físicos ou psicológicos. A razão é óbvia- o chefe, obviamente um idiota.

O seu chefe pode ser um idiota e ainda não ter reparado. Acho difícil tal feito ocorrer porque, em regra, notam-se a léguas. No entanto, pode ser mais distraído ou então ter um chefe camuflado. Por isso, é necessário fazer uma avaliação. Antes descobrir já, que daqui por alguns anos. Inicie uma avaliação cuidada, alicerçada em factos e não em opiniões e sentimentos.

É importante identificar os sinais de que o chefe é um idiota mesmo antes de se envolver muito. Os profissionais que conseguirem perceber esse problema logo na entrevista de emprego podem decidir se realmente querem lidar com esse tipo de situação e aceitar o trabalho ou não. Se conseguir descobrir desde logo, depois fará uma escolha mais consciente. Mesmo quando a entrevista é realizada por alguém externo à empresa (e que não venha a ser seu chefe), é essencial tentar perceber logo como são as pessoas com quem vai ter que lidar e como é o ambiente laboral na empresa a que se está a candidatar.

Às vezes, começa logo num conjunto de sinais antes mesmo da contratação, mas que ou são difíceis de identificar ou que, muitas vezes, o colaborador prefere não ver ou simplesmente desvaloriza. Analise sempre esses momentos.

Nos primeiros contactos com o seu possível futuro chefe, existiu uma má primeira impressão? Sentiu-se sempre respeitado? Preocupou-se consigo ou manifestou já sinais de idiotice, de autoritarismo ou agressividade?

Escute bem a forma como fala dos outros colegas, que adjetivos usa para os qualificar. Observe igualmente a interação entre pares. Esteja atento para ver se existem provocações agressivas, interrupções sem educação, expressões faciais negativas e silêncios incómodos. Será uma avaliação fundamental para tomar a decisão se quer aceitar esta oferta.

Para poder melhor avaliar necessita em primeiro lugar de passar tempo com a sua chefia, já que numa entrevista é fácil que venha a ser enganado.

Esteja atento aos seguintes hábitos e comportamentos:

1. Trata as pessoas como lixo.

Nem todos os idiotas se encontram no mesmo estádio de desenvolvimento. Alguns são piores que outros, pois estão num nível de maturação mais elevado.

Para o avaliar, pergunte a si próprio há quanto tempo sente que o seu chefe adota esse comportamento que o faz sentir desprezado, desvalorizado e desrespeitado. Se se tratou de um único episódio, é provável que apenas seja uma exceção e não a regra. No entanto, se se repete diariamente, provavelmente estará na presença de um idiota e tem de desenvolver medidas de proteção.

No primeiro caso, trata-se de um idiota temporário. O melhor é não lhe dar grande importância, nem reforçar o seu comportamento.

No segundo caso, é um idiota instalado e provavelmente tem um problema entre mãos que precisa de resolver.

2. Nunca admite estar errado.

Admitir que está errado é sinal de um nível de autodesenvolvimento elevado. Se o seu chefe se recusa a assumir os seus erros, significa que está focado apenas na sua opinião e não tem qualquer vontade de fazer as coisas de outra forma.

Muita intransigência e pouca capacidade de ouvir os outros e lidar com mudanças, significam claramente que estamos na presença de um idiota.

3. Faz muitas promessas.

Se o seu chefe está constantemente a fazer promessas que nunca concretiza, provavelmente estamos na presença de um idiota que apenas o está a tentar manipular.

Se, por exemplo, fala constantemente num tão desejado aumento de salário e depois nada escreve, nada faz, claramente não é digno de confiança e trata-se de um idiota.

Os líderes sabem o quanto a confiança é fundamental para o estabelecimento de uma relação eficaz e tudo fazem para a desenvolver e solidificar.

4. Espera que seja uma cópia dele.

Verdadeiros Líderes reconhecem a importância da diferença na equipa. A diferença permite olhar com diferentes perspetivas para o problema, tornando a solução mais rica e na maioria das situações também mais inovadora.

Se o chefe insiste que deve ser uma cópia dele, seja a falar, a agir e até mesmo a respirar, claramente trata-se de um idiota.

Líderes sabem a importância do colaborador se manter fiel ao seu estilo e aos seus valores, ainda que sempre tendo em consideração as orientações gerais da chefia.

5. Telefona nos dias de folga e/ou fins de semana.

Se o seu chefe lhe telefona de forma abrupta fora do seu horário de expediente, sem qualquer motivo de urgência extrema que o justifique, então claramente estamos na presença de um idiota.

É importante definir os limites de ação de um chefe fora do horário do trabalho logo nos primeiros dias. Líderes atentos têm isso em consideração, respeitando o tempo livre dos seus colaboradores, pois reconhecem a sua importância para o seu bem-estar e rendimento no trabalho. Idiotas acham que os colaboradores não precisam desse tempo, dado que é já um orgulho para qualquer um ter emprego e que descansar é algo que só os preguiçosos fazem.

A ansiedade da separação aparece na maioria das situações se o chefe for idiota, pois está sedento por poder e quer usar inadvertidamente, esse poder.

6. Não escuta o seu ponto de vista.

Se tudo o que diz é desconsiderado, e eventualmente nem sequer ouvido, estamos na presença de um idiota. Líderes sabem a importância de ouvir as suas equipas e as considerar parte integrante da solução. Equipas motivadas e alinhadas produzem mais.

Valide se a sua chefia domina todo o tempo de conversa e se deixa ou não acrescentar contributos dos colaboradores. Se não deixar efetivamente acrescentar nada, significa não só que não tem interesse no que os outros pensam, que não é relevante, mas também que está na presença de um verdadeiro idiota.

---

*Um idiota que pensa
que tudo sabe e
nada precisa dos outros.*

Observe igualmente se a sua chefia faz perguntas ou se se limita a dar ordens.

No primeiro caso, tem interesse na sua opinião, considera-o uma pessoa importante, envolve-o na solução e aprecia a sua presença.

No segundo caso, a sua existência não acrescenta qualquer valor às suas ideias e pontos de vista, e apenas o vê como um cumpridor de ordens.

Os chefes idiotas imaginam-se mais grandiosos e gloriosos do que verdadeiramente são, pelo que menosprezam qualquer opinião que outros possam ter. Para eles, as opiniões alheias são irrelevantes e não têm qualquer significado.

7. Tem colaboradores favoritos.

Se o chefe tem claramente um subordinado preferido e o trata de forma diferenciada estamos provavelmente na presença de dois idiotas - o chefe e o colaborador.

O chefe que tem colaboradores favoritos pode acabar com a sua capacidade de reconhecer competências noutros e consequentemente adicionar valor à organização. Este tipo de comportamento por parte de um chefe, promove um sentimento de injustiça junto dos colaboradores, levando à quebra da relação de confiança entre todos.

8. Quer estar no "centro dos holofotes".

Se o chefe atribui a si próprio todas as situações de sucesso, e culpa os colaboradores sempre que se verifica um insucesso, quer manter os colaboradores fora dos holofotes para que ele seja o único vencedor.

Um chefe incapaz de perceber a importância e o papel da equipa no sucesso, reconhecendo a contribuição de cada colaborador, retira à equipa a energia, a vontade e a capacidade para enfrentar um novo desafio.

Um chefe centrado em si e nos seus ideais não passa de um idiota.

9. Faz eco de "mexericos".

Espalhar rumores ou mexericos sobre a equipa é um comportamento desastroso com efeitos nefastos para a eficiência e eficácia da equipa. Quando este comportamento é adotado pelo chefe, estamos na presença de um idiota.

Claramente a sua ideia é promover um clima de competição, pois acredita que se todos competirem contra todos, o foco será maior e os resultados serão melhores e mais rápidos. O que acaba por acontecer é o contrário, com um ambiente de mal-estar e falta de vontade por parte dos colaboradores de voltarem no dia seguinte.

Este mau ambiente faz com que cada dia seja mais difícil para o colaborador ir trabalhar. Começa por pequenos atrasos até chegar a uma recusa explícita em aparecer na organização.

> *Ficar com um nó no estômago*
> *cada vez que pensa em ir trabalhar e*
> *ter dificuldade para acordar de manhã*
> *podem ser sinais de que*
> *o seu chefe é um idiota.*

---

10. Muda de ideias constantemente.

Se o seu chefe muda de opinião de cada vez que fala, provavelmente estará na presença de um idiota. Ter de manhã uma opinião, após o almoço outra e ao final da tarde não saber com toda a certeza que decisão tomar, origina ansiedades e mal-estar.

Este comportamento para o colaborador é altamente frustrante, pois desencadeia vários falsos começos. Se cada vez que está a iniciar uma tarefa, esta muda, desperdiça-se, por vezes, todo o trabalho desenvolvido. O colaborador fica refém do "capricho" do chefe, sentindo-se desamparado e perdido.

11. Mente.

Um chefe que mente não é confiável e não existe base para um relacionamento produtivo.

A confiança é a pedra basilar para qualquer relacionamento, seja ele pessoal ou profissional.

Se o chefe mente, inventa desculpas para assumir os seus erros e falhas então claramente estamos na presença de um idiota.

Analise bem o seu comportamento e tente perceber porque mente. Recolha toda a informação possível. Não deixe este comportamento perdurar no tempo.

12. Não usa o reconhecimento, apenas a punição.

Se o seu chefe é um eterno insatisfeito, se só sabe punir quando as coisas correm mal e não sabe mostrar gratidão e dar elogios quando correm bem, estamos claramente na presença de um idiota.

O nível de idiotice é tanto maior quanto maior for essa mesma punição, seja ela feita em privado ou em público. Em regra, "o idiota-mor" prefere fazê-lo em público de forma a humilhar o colaborador e a mostrar o seu poder, maximizando o seu efeito.

13. O trabalho nunca é suficiente.

O idiota acredita que tudo tem de ser feito ontem e que se não está feito é porque os seus subordinados não estiveram a trabalhar.

Revela um desrespeito total pelo tempo dos colaboradores, pelas suas pausas e necessidades e é incapaz de perceber que são essenciais para a reposição de energia e bem-estar social dentro da organização.

O idiota nunca está contente. Ainda que o colaborador faça tudo, o idiota vai querer sempre mais.

Não tem inteligência, nem discernimento para perceber que tal não é possível e pode ter consequências físicas e psicológicas desastrosas.

Em resumo, as principais diferenças entre um chefe idiota e um verdadeiro líder, são:

CHEFE IDIOTA VS Líder

CHEFE IDIOTA	Líder
Eu	Nós
Manda	Orienta
Fica com os louros	Distribui os louros pela equipa
Castiga	Promove
Procura Culpados	Procura Soluções
Critica	Corrige
Fiscaliza	Confia
Persegue	Assume a Responsabilidade

CHEFE IDIOTA: OS DIFERENTES TIPOS

*Os chefes idiotas são apenas,
em regra, não muito bons a
serem chefes.*

São os chefes e as suas práticas de gestão que determinam, em larga medida, a continuidade de um colaborador numa empresa. São os chefes que marcam o ritmo e o tempo no emprego.

Os chefes idiotas não são todos iguais. É fundamental perceber o nível de idiotice para gerir de forma adequada o seu bem-estar físico e emocional, para que trabalhar com um idiota não seja um verdadeiro tormento.

Podemos, então, agrupar os vários tipos de chefes idiotas:

1. Os Chefes Perfeitos

Os chefes perfeitos julgam-se uma divindade. Não são um idiota clássico, mas sim um bem mais refinado.

Apresentam-se como perfeitos, colecionadores de sucessos e troféus. Exibem-se como dotados de um elevado número de características e de conhecimentos. Dão muito valor à imagem, são vaidosos, como se de únicos se tratassem e se o mundo em torno deles girasse.

Gostam de ser tratados com deferência, de criar as suas próprias regras ainda que entrem em conflito com as da empresa. Adoram poder, mas na verdade servem-se dele para esconder a insegurança e a incompetência. Aparentam não ter defeitos e para eles o "céu é o limite" e "tudo vale" para atingir os seus objetivos.

Vivem em delírio e numa realidade paralela onde se consideram únicos, uma verdadeira divindade. Negligenciam os problemas, vivem num mundo que não existe e negam diariamente aceitar a realidade. Tudo são facilidades, não há problemas, e tudo é perfeito.

Praticam o lema:
"ou estás por mim,
ou estás contra mim".

Rodeiam-se de idiotas, com total incapacidade de pensar, mas fiéis seguidores, eternos bajuladores que alimentam o seu mundo irreal e vão construindo diariamente a ilusão de que são bons chefes. A ilusão vai crescendo ao ponto de acreditarem mesmo nela.

Têm a certeza que são donos absolutos da verdade. Até podem ser pessoas competentes e inteligentes, mas esta prepotência só serve para esconder, na maioria das vezes mal, a sua insegurança.

Estes chefes têm tendência para acreditar que só eles são verdadeiramente competentes e isso desmotiva qualquer equipa, em grande parte devido à dificuldade em delegar competências.

2. Os Chefes Maquiavélicos

Usam a inteligência e a esperteza para chegar ao poder. Não interessa o quê, nem quem, o foco é chegar lá. Acham-se demasiado inteligentes para serem considerados idiotas, mas são-no.

São altamente focados, eficientes e eficazes, apenas num único objetivo - ganhar. Saúde e bem-estar dos colaboradores, metas e objetivos não são relevantes. O foco são eles próprios e a sua ânsia pelo poder. Removem, com naturalidade, qualquer obstáculo do caminho, sem qualquer sentimento de culpa.

Não se preocupam com os seus colaboradores a não ser que, algum dia, algum deles se torne um meio para chegar a um fim, o poder.

3. Os Chefes Perseguidores

Um outro tipo de idiota, são os perseguidores. Perseguem os colaboradores como objetivo de vida. Quanto mais estes demonstram que o abuso os está a afetar, mais abuso sofrerão deste tipo de chefia.

Têm prazer na dor, em provocar sofrimento, em deixar os seus colaboradores constantemente em sobressalto.

Aparecem de repente e parece que estão em todo o lado. Esforçam-se por estar na posse de toda a informação sobre os colaboradores para que lhes seja fácil controlá-los. Para um perseguidor, o sofrimento de um colaborador é a evidência do seu poder.

Têm como atividade preferida a descoberta de novas formas para implicar com os seus colaboradores pelo que são capazes de perder horas a fio a tentar encontrar provas de falhas. Esta falta de confiança desrespeita as equipas e mina qualquer satisfação laboral.

Por vezes, escolhem uma vítima a quem dedicar um ódio de estimação.

Os perseguidores podem ir da embirração ligeira ao sadismo e perversidade.

Este processo começa com uma ou outra crítica ao trabalho ou ao comportamento do colaborador e aumenta a escalada, acabando numa humilhação pública.

4. Os Chefes Paranoicos

Este tipo tem um nível elevado de idiotice. Acredita que todos estão a persegui-lo e que tudo e todos se constituem como uma ameaça. Vive em constante sobressalto, na ânsia do momento em que lhe vão fazer mal. Julga e acredita que todos vão atacá-lo e que todos estão contra ele, pelo que o melhor será proteger-se, desconfiando de tudo e todos. O mais simples gesto é uma ameaça que precisa de ser extinta.

Procura conspirações contra ele e quando não as encontra, inventa-as, com um nível elevado de fantasia que quase parecem realidade. Acredita que há sempre alguém a sabotar o seu desempenho.

Não confia em ninguém e controla tudo ao mais ínfimo detalhe.

5. Os Chefes que Negam ser Chefes

Este tipo de idiota é mais frequente do que poderíamos pensar. São pessoas que simplesmente não querem ser chefes mas, por vários motivos, acabam por ser. Promovidos por antiguidade, gratidão ou mesmo por necessidade, negam este papel. Ficam fechados no seu canto minimizando todo e qualquer contacto com os seus colaboradores.

Não manifestam verdadeiro interesse no negócio, nem consegue interessar os outros. Acaba por não ter grande influência direta no negócio e por delegar todas as tarefas na sua equipa.

6. Os Chefes Amigalhaços

Quer ser amigo dos colaboradores e, amiúde, confunde trabalho com vida pessoal. Quer fazer parte da vida pessoal do colaborador a todo o custo. Impõe a sua presença em eventos para os quais não foi convidado. Amua ou fica triste quando não é convidado.

Procura o lazer, esquecendo o verdadeiro foco e os objetivos a alcançar.

Poderia, à partida, ser aquele tipo de chefe dos sonhos de qualquer um, mas numa análise mais aprofundada, não passa de um idiota. Na maioria das vezes, esta proximidade é a forma que encontra não para revelar a amizade que tem por si, mas para ficar a par de todos os mexericos dentro (e fora) da empresa.

Esta proximidade pode ser muito prejudicial, por isso mantenha sempre alguma distância marcando uma separação nítida entre relação profissional e pessoal.

MUDANÇAS:
PARA OS
CHEFES IDIOTAS
E PARA OS
COLABORADORES

Para as pessoas criativas e competentes a mudança é um desafio estimulante. Para os idiotas é uma verdadeira ameaça.

A maioria das empresas e dos negócios segue um conjunto diário de regras sem as quebrar. Encontramos regras um pouco por toda a parte, seja nos procedimentos para desempenho de uma dada tarefa, no código de conduta ou até mesmo nas rotinas sociais diárias. Regras que se considera ser fundamental cumprir, caso contrário instalar-se-ia o caos.

Mas, por vezes, é necessário quebrar regras e deitar muros abaixo. Só assim se conseguem estabelecer novos horizontes e ir mais longe. No entanto, os colaboradores mais rebeldes e inovadores, são muitas vezes mal vistos pelos seus chefes.

Porque é que as mudanças incomodam os Chefes Idiotas?

Os colaboradores que não cumprem as regras escrupulosamente são tolerados com relutância e, caso se tornem demasiado incómodos, mais cedo ou mais tarde, são convidados a sair. Geram demasiado ruído e põem em causa o status quo.

Os idiotas gostam de regras fixas e rigorosas. Eles próprios criam procedimentos sem sentido, que só existem para se eternizarem nos seus cargos. A rigidez das suas regras permite-lhes estar na sua zona de conforto.

Evitam a mudança porque não a compreendem e a temem. A

mudança assusta-os e ainda mais os assustam aqueles que gostam de mudanças, os rebeldes.

Na mente dos chefes idiotas, os rebeldes são indivíduos perigosos e subversivos, "gente que gosta de contrariar" e uma verdadeira "fonte de conflitos". Mas tal não corresponde à verdade. Os rebeldes são fundamentais nas organizações.

Ser rebelde não é questionar por questionar, embora o idiota o queira fazer parecer. A rebeldia é uma abordagem à vida e ao trabalho, com foco na progressão e na criação do êxito. O rebelde é claramente um visionário, o rebelde ama o que faz e coloca magia em todo o seu desempenho.

Os rebeldes não hesitam em quebrar as regras quando estas os reprimem de fazer mais e melhor.

Colocam em causa as normas comumente aceites, de modo a identificar formas mais criativas, mas sobretudo, mais eficazes de produzir um resultado transcendente. De forma positiva e construtiva, questionam a regra e, em vez de se agarrarem ao seguro e conhecido, são mestres na inovação e reinvenção. Dizem o que acham, mesmo quando é impopular, não tendo receio de expressar as suas ideias e pontos de vista, ainda que possam ser os únicos a fazê-lo. A sua energia é desconcertante, mas orientada para a busca da inovação e da produtividade, visando a evolução e prosperidade da empresa que representam.

O foco do rebelde é a novidade e a diversidade. Desafia-o o que é novo, alimenta-se de uma visão prospetiva acerca de si próprio e do mundo, a sua autenticidade caracteriza tudo o que é, diz e faz, o que deixa os idiotas completamente destruturados.

O Chefe Idiota precisa de muletas para se apoiar, que o façam sentir seguro, independentemente de serem necessárias ou não. Toma medidas apenas na perspetiva de se sentir confortável e evita intencionalmente outras que originam desconforto. As mudanças atormentam o espírito adormecido do chefe idiota, tornando-o ainda mais idiota.

Um verdadeiro líder precisa não só de aceitar as mudanças, como também ser o primeiro a estimular as pessoas a promovê-las. Efetuar mudanças significa quebrar paradigmas, que nos pode levar a caminhos nunca antes hipotetizados, ampliando o conhecimento e consequentemente promovendo o crescimento pessoal e a competitividade organizacional.

As Armadilhas da Mudança

Se é verdade que um chefe tem que ser capaz de aceitar as mudanças e o crescimento dos seus colaboradores, também não é menos verdade que estes devem ter a coragem de mudar e evoluir, mesmo quando isso possa não ser muito bem visto por quem os chefia.

A falta de confiança cria armadilhas das quais é-se muito difícil libertar. Experienciar lidar com um idiota pode torná-lo, ainda que por instantes, um pouco idiota também e impedi-lo de agir. São sete as armadilhas em que pode cair e que lhe tiram o discernimento, impedindo-o de encetar uma estratégia para lidar com um chefe idiota.

1. É imaginação minha.

Não minimize a situação e não se deixe acreditar que não é assim tão mau. É mau e é preciso agir.

2. Vai melhorar.

O idiota demora a alterar o comportamento. Acreditar que vai mudar é uma esperança vã. Continua a ter esperança, mas o amanhã que anseia ainda não chegou e dificilmente irá chegar.

3. Quando terminar este projeto vou-me embora.

Vai sempre haver um projeto ou uma atividade aliciante que o impedirá de sair. Se está à espera da ocasião certa, ela não existe.

4. Estou infeliz, mas estou a aprender tanto.

Os danos físicos e psicológicos que está a sofrer, valem a pena? Não corra o risco também de se tornar um idiota.

5. Vou ajudá-lo a mudar.

Abandone o complexo de messias, ninguém pode ajudar ninguém que não queira ser ajudado. Se o chefe não tem consciência que é um idiota, como pode ajudá-lo a mudar?

75

6. Consigo ligar e desligar.

Será que consegue mesmo? Pense nisso e valide com os que o rodeiam se concordam com esta opinião.

7. Podia ser pior.

Sim, é verdade, nenhum lugar é perfeito e alguns podem ser piores, mas também os há muito melhores. Esta não passa de uma desculpa fraca. O martírio, associado ao comodismo, é uma péssima desculpa para permanecer numa situação desrespeitadora.

ESTRATÉGIAS DE SOBREVIVÊNCIA

Tem nas suas mãos o poder de escolher ser vítima ou vencedor neste processo. Faça parte da solução independentemente do grau de estupidez do problema ou do nível de idiotice de quem o causou.

O s idiotas multiplicam-se um pouco por todo o lado. Então, como sobreviver a tantos chefes idiotas?

Desistir. Virar costas, dizer mesmo adeus. Metaforicamente e realmente pode ser o penso rápido perfeito para a dor de ter de lidar com um idiota. Parece a opção perfeita, mas uma saída rápida e impetuosa nem sempre é o mais correto. É que mais à frente podemos voltar a encontrar outro idiota, pelo que é melhor optar por outras técnicas. Mas antes de decidir se desiste ou se age, pense naquilo em que quer envolver-se. Pense nas suas aptidões e como os outros as veem. Pense em quanto tempo, esforço e dedicação quer investir para ultrapassar os obstáculos e se a potencial recompensa justifica o necessário sacrifício.

Não se esqueça que a perceção é diferente da realidade. Se a resposta for que a recompensa é menor que o sacrifício, desista. Se for maior, avance sem medo. Não aceite meio termo. Não se convença de que a vida e o trabalho não são perfeitos e que por isso não vale a pena mudar. Isso é triste e impede-o de refletir e agir.

Siga, então, estas dicas de sobrevivência, que irão tornar o seu da-a-dia e a sua convivência no trabalho bem mais fácil:

Não perca a paixão.

A paixão é a única competência que não pode ser ensinada. É ela que dá cor e calor ao dia-a-dia de uma organização, que faz encarar com entusiasmo cada desafio. É ela que faz minimizar todos os incidentes e transforma problemas em oportunidades.

A paixão é o primeiro passo para a realização de qualquer coisa realmente importante. Ativa o potencial de cada pessoa e leva-a a superar os próprios limites, ao sair da sua zona de conforto. A paixão impacta nos outros, energizando-os de entusiasmo e vontade, capacitando-os para a ação. Estabelece e mantém o foco. Torna possível, o impossível acontecer. Não a perca!

Não seja um idiota.

Abrande o crescimento da população de idiotas. Não se torne um. Entenda as limitações de cada idiota de forma a sentir-se menos ameaçado. Combater a natureza do chefe idiota, ou seja, acreditar na possibilidade de alterar o seu comportamento, faz de si um idiota. A teimosia, a persistência e a sua personalidade única não vão ser suficientes para alterar o comportamento do idiota.

Expressões como "eu consigo ver o outro lado dele", ou "comigo ele é diferente" são meras construções suas. Não tente mudar o que não muda.

Oriente a sua energia para a sobrevivência. Não significa que não seja capaz de mudar alguma característica do seu chefe, que até é bem possível. Mas o risco de sentir ressentimento pela não mudança do chefe, pode toldar os seus movimentos e tornar-se tóxico. A orientação faz muito bem ao orientado, mas pode desorientar o orientador.

O seu foco deve estar na melhoria do seu desempenho e da sua atitude e da sua postura. Não tenha expectativas de mudança do seu chefe. As expectativas demasiado elevadas destroem pessoas e relações.

Além disso, para que um chefe idiota mude, é fundamental que ocorra um incidente ou uma sequência deles com um impacto de tal ordem que ele perceba que o problema está nele próprio.

Não pode, nem deve, tentar mudar o seu chefe, mas pode mudar a forma como lida com ele.

Manter as pessoas confortáveis é o segredo para relações felizes e saudáveis, por isso não ameace a estrutura do idiota.

Não importa o conteúdo da sua mensagem e do seu comportamento, o seu foco deve ser transmitir a ideia de que consigo, o seu chefe está na zona de conforto e que o protegerá de ameaças indesejáveis.

Pratique a empatia.

Pense antes de falar. Não precisa de falar tudo o que pensa, mas pense em tudo o que for falar. Faça uma gestão adequada das suas emoções e escolha cuidadosamente as palavras que vai utilizar. Pratique a empatia, coloque-se no lugar do seu chefe e procure entender a lógica ilógica. Tente ver o seu ponto de vista. Liberte-se da amargura e do sofrimento, que o magoam mais a si do que a qualquer outra pessoa e impedem-no de viver feliz.

Não esqueça que a sua competência pode ser uma ameaça para os chefes menos competentes, por isso, esforce-se para que esse seja um ponto de sinergia com o idiota. Em regra, a valorização que é dada à competência permite-lhe perceber se está na presença de um líder ou de um idiota.

Se for abençoado e recompensado pela sua competência, está na presença de um líder.

Se for punido pela competência, está na presença de um idiota.

No último caso, não desanime. Pense que ele não consegue melhor do que isso, seja empático. Não tendo competência, não pode esperar que ganhe competência para o reconhecer. A liderança treina-se e o idiota falta constantemente aos treinos.

Controle a relação.

Por vezes, as pessoas libertam o seu lado mais primitivo e têm de ser constantemente recordadas que não vão ser magoadas e que é importante acreditarem e confiarem umas nas outras. No caso dos idiotas, como os motivos deles não são puros, é pouco provável que acreditem na honestidade dos atos dos outros. Mas não altere nem mude a sua essência.

Cabe-lhe a si controlar a relação que tem com o chefe idiota. A forma como pensa, age e fala pode melhorar a forma como é tratado. Se o seu chefe não vir em si uma ameaça, relaxará e o respeito que tem pelo seu talento e competência irá aumentar.

Por isso, não queira ter sempre razão. Vai ver que quando o deixar ter a honra de ganhar algumas discussões, as barreiras começarão a cair e a sua relação com o seu chefe ganhará alguma paz.

Tem nas suas mãos o poder de escolher ser vítima ou vencedor neste processo. Faça parte da solução, independentemente do grau de estupidez do problema ou do nível de idiotice de quem o causou.

Lembre-se que um determinado comportamento só faz sentido se tiver público. Sem público, perde o interesse. O chefe idiota anda claramente à procura de público e precisa de palco. Cabe-lhe a si, que está no comando, decidir e determinar o palco que lhe dá.

Não fale negativamente da sua chefia.

Apesar de poder ser prazeroso desafiar a autoridade, as consequências podem ser verdadeiramente penosas. Recuse de forma educada falar negativamente da sua chefia, desligue-se desta conversa viciosa e foque-se em encontrar uma solução para lidar com a idiotice. Foque-se no macro, na organização como um todo, e não no idiota em particular.

Converse de forma clara com todos. Evite usar uma linguagem pouco clara e objetiva que pode originar mal-entendidos. Defina canais de comunicação simples.

Os seus colegas vão ressentir-se por não falar negativamente da sua chefia. Podem até mesmo deixar de confiar em si, mas não se preocupe – quando perceberem as suas intenções, tudo voltará ao normal. Foque-se no caminho que é verdadeiramente correto.

Defina objetivos e metas e por nada se desvie deles. No futuro, poderá vir a ser um exemplo.

Evite cair no buraco negro da atribuição de culpa.

A tendência natural das pessoas que têm vidas que não gostam é desresponsabilizarem-se. Pior que isso, responsabilizar os outros. Os maridos, os filhos, o chefe, os colegas, a economia, os inimigos ou, então, se tudo o resto falhar, o passado e a infância. É muito fácil culpar os outros ou as circunstâncias pelo que não conseguimos ser, pelo que temos de fazer e não conseguimos, pelo que gostaríamos de ter e não temos... É, pois, agora o momento de refletir sobre quem é o responsável. Quem tem verdadeiramente culpa dos resultados nesta vida? Podemos tentar apontar o dedo a alguém ou a alguma coisa, mas é impossível fazê-lo sem também apontar um dedo a nós próprios, e esse gesto pode fazer a diferença.

Se assumirmos a responsabilidade por tudo o que de mau e de bom aconteça na nossa vida, se percebermos quem somos, que estamos no centro da nossa existência e somos nós que temos habilidade de responder perante ela, será mais fácil empreender as mudanças necessárias. Na verdade, de pouco nos serve analisar a nossa vida e refletir sobre a nossa realidade, se não nos colocarmos em causa, se não tivermos coragem para assumir responsabilidade por aquilo que somos, temos e fizemos até ao momento.

As pequenas ações no dia-a-dia, mesmo aquelas que achamos que não fazem nada por nós, nem pelos outros, podem marcar a diferença. Tudo o que fazemos conta, porque tudo, mas mesmo tudo, na vida tem uma causa e um efeito.

O que a maioria das pessoas com insucesso faz quando tem um problema é concentrar-se apenas nos efeitos, desresponsabilizando-se das causas que o geraram. E isso faz com que se perca poder sobre a situação. Só quando refletimos sobre as causas e percebemos que temos poder para atuar sobre elas, poderemos obter novos e mais proveitosos efeitos.

Talvez não possamos evitar a guerra, mas podemos evitar algumas batalhas desnecessárias que acontecem à nossa volta, diariamente. Podemos não conseguir evitar a crise. Mas podemos encontrar soluções no nosso dia-a-dia, com empenho e criatividade. Podemos não conseguir mudar o mundo de um dia para o outro, mas podemos e devemos tentar fazê-lo todos os dias, a toda a hora, porque se não o fizermos, estaremos a ser parte do problema e não da solução. A nossa apatia será também uma das origens do problema. Na verdade, pode não ser possível contornar um evento, mas a nossa atitude perante ele pode ser mudada e melhorada. E um resultado é sempre fruto não só do evento que lhe deu origem, mas também da nossa atitude perante ele.

Ao colocarmo-nos em causa, entendemos que a nossa atitude perante determinado evento é que nos conduz a um resultado. Podemos não controlar o evento, mas a atitude é da nossa inteira responsabilidade e dela depende grande parte do resultado da situação.

Não entre no ciclo de vitimização culpando a sua chefia por tudo o que de errado lhe acontece. Quando culpa os outros, incrimina-se a si próprio e coloca o foco na pessoa e não no problema. Alargue o pensamento, tenha uma visão abrangente e foque-se na solução. Fale de forma direta, objetiva e focada, sem nunca perder a cordialidade. Seja acima de tudo profissional. Não negue, nem evite problemas. Admita-os, aceite-os e resolva-os.

É demasiado infantil a resposta de culpar o chefe por todos os problemas. Paralelamente, ainda que o culpe, o chefe idiota nunca admitiria essa culpa, o que só iria originar raiva e frustração.

Pare de reclamar e atue.

A maioria das pessoas reclama entre 10 a 30 vezes por dia, por tudo e por nada. Provavelmente, neste momento, está alguém a reclamar sobre qualquer coisa. De facto, a maioria das pessoas reclama demasiado sem nada fazer.

Reclamar é inerente à condição humana. A queixa, ou a reclamação, estabelece uma relação direta com a insatisfação, com algo que não está como desejamos ou como queríamos que estivesse. Em algumas circunstâncias, é um comportamento necessário que permite assegurarmos os nossos direitos, que permite defender--nos ou proteger-nos. No entanto, ao reclamar também existe o reverso da medalha, ou seja, podemos acionar um mecanismo de negatividade, de desdém, de mau humor, de atitude negativa e depreciativa, que pouco a pouco se pode tornar num hábito pernicioso para nós e para os outros, pelo que é essencial reclamar apenas e só quando for estritamente necessário.

Reclamar, quando em exagero, na grande maioria das vezes, estabelece uma forte relação com o nosso diálogo interno autocrítico. Começamos a construir um padrão de verbalização extremamente crítico e negativo que origina que, pouco a pouco e sem termos consciência, caiamos na malha da negatividade e vitimização ilusória, cravada numa estrutura mental desadequada e desvantajosa que faz verbalizar um discurso pejorativo.

A pessoa torna-se hábil no desenvolvimento de uma perceção apurada e refinada em tudo o que possa ser-lhe desagradável ou que não esteja de acordo com aquilo que quer e gosta. Além disso, especializa-se numa sensibilidade desmedida para aquilo que pode causar-lhe algum grau de insatisfação, mesmo que essa seja ínfima.

Essa atitude tem um impacto direto na forma como nos posicionamos em sociedade e na forma como nos relacionamos e vemos o outro. Inevitavelmente, acabamos por influenciar os nossos comportamentos e atitudes. Tornamo-nos enfadonhos e eternos insatisfeitos, parecendo que nada nos satisfaz, nos preenche e que nada nem ninguém está certo. Aos olhos dos outros não somos mais do que uns chatos, irritantes, que estamos de mal com a vida e queremos que os outros também fiquem.

Então porque é que em vez de reclamar, não age, não tenta mudar o que tanto incomoda, o que está errado?

Será que é dominado pela inércia e /ou pela preguiça ou, simplesmente, tem demasiado orgulhoso para pensar que tem de mudar?

Não esqueça que quando tem uma perceção de que as coisas deveriam ser à sua imagem e de acordo com a sua forma de pensar, torna-se rígido.

Arrisco a dizer, que salvo raras exceções, queixar-se nada tem de positivo. Por isso, trave a sua língua a tempo de conseguir reestruturar o seu pensamento e pensar numa alternativa mais viável e adequada à interpretação da situação que enfrenta. Antes de se queixar, reflita.

Não se torne um parasita, pessoas que em nada contribuem para a organização, mas que reclamam o direito de se queixar e de fazer exigências. Mude o foco. Ultrapasse o "mar de queixas" infindáveis e a vitimização.

Se escolher continuar na passividade e nada fazer, aceitar cegamente o que o chefe lhe pedir para depois se queixar, está só a ser idiota. Em nada se está a ajudar, nem a ajudar o chefe, nem ninguém à sua volta. Seja proactivo. Aja.

Mate o orgulho. Faça renascer a humildade. Humildade e felicidade andam de mãos dadas. Tornar-se humilde é um exercício saudável, dado que estimula a sua competência e torna-o melhor pessoa e profissional.

Não implique com o seu chefe.

Os chefes idiotas gostam particularmente de citar os últimos *bestsellers* de negócios, para darem deles próprios uma imagem de sucesso, o que pode deixá-lo irritado e confuso. Minimize! Para além de todas as capacidades interpessoais que faltam aos chefes idiotas, normalmente falta-lhes também a capacidade de comunicar. Comunicar exige um encontro de "mentes" num dado nível.

Quando implica com o seu chefe, afasta-se do seu foco e da sua responsabilidade.

---

*Não precisa de se calar a tudo,
mas também não precisa de amuar,
resmungar, queixar-se, insultá-lo
de forma diplomata, ou discutir
de forma agressiva e sem sentido.*

Seja profissional, faça o que fizer, faça bem. Comporte-se de forma a que envie uma mensagem clara do que verdadeiramente é e pensa.

Lembre-se que ninguém lhe pode retirar a sua dignidade. Em vez do "sim, mas", use, o "sim e", e estará a ser estratégico e a focar-se na solução.

Por vezes, é mais fácil chegar até ao chefe nos momentos informais, como o café, ou o almoço. Tente aí perceber a razão da sua idiotice. Compreender a razão vai ajudá-lo a perceber como lidar melhor com ele e reduzir a sua indignação e vontade de implicar.

Lembre-se todos os dias que não é invisível.

Mesmo sem reparar, está sempre a comunicar e é mais vezes alvo de observação do que aquilo que pensa. A comunicação é inerente à vida. Desde que nascemos, pouco a pouco, vamos aprendendo o que dizer e como dizer.

Paralelamente, a cada instante avaliamos e somos avaliados. O nosso humor é determinado pelas avaliações que fazemos e que fizeram de nós. Somos intrinsecamente seres avaliados e avaliadores o tempo todo.

É a forma como se apresenta, como fala, como se comporta no dia-a-dia que irá transmitir uma imagem ao outro sobre si. Está nas suas mãos decidir que imagem quer transmitir.

A sua adaptação a esta realidade só depende de uma atitude, a sua. Não permita que ninguém lhe roube o seu bom humor. Será o maior desafio, mas simultaneamente a maior conquista.

Apesar de idiota, não considere o seu chefe um inimigo.

Não considere o seu chefe um inimigo. Certo é que também não o deve considerar um amigo, mas não foque o seu dia a lançar farpas à sua chefia. Use o tempo de forma útil e não a provocar a irritação do seu superior hierárquico. Não esqueça de lhe dar *feedback* de acontecimentos importantes e relevantes para a organização e ajude-o a atingir os objetivos planeados. O seu brilho advém de ajudar o idiota a brilhar e não de brilhar mais do que ele. Aproveite estes momentos e se o idiota estiver recetivo a sugestões, faça-as, se não estiver guarde-as para si, sem rancor.

Trabalhe em parceria, não em competição. É fácil falar sobre trabalho em parceria, mas é sempre difícil fazê-lo. Ele requer coragem, paciência e determinação ao longo do tempo.

Há diversas evidências provenientes de iniciativas de parceria em desenvolvimento, em diferentes partes do mundo, que provam que a colaboração pode ser extremamente eficiente e sustentável, encontrando assim soluções criativas, construtivas, coerentes e integradas para atacar os mais intratáveis problemas.

Parcerias proporcionam uma nova oportunidade para o desenvolvimento, através do reconhecimento das qualidades e competências de cada pessoa, que assim podem ser aproveitadas para o bem comum.

Nenhuma parceria será fácil, confortável, segura, rápida ou barata. Porém, com uma gestão adequada, vontade e determinação, a parceria pode funcionar bem e alcançar muito mais que iniciativas solitárias. A colaboração verdadeira transforma as pessoas a nível pessoal e profissional.

Pratique a descrição.

Informação é poder. Evite mexericos e falar demais. Evite mesmo "mexericar", tenha juízo e não acredite em boatos, nem espalhe mexericos. Trata-se de uma tentação tremenda para todos, mas controle-a. O mexerico não ajuda ninguém nem tem nenhuma vantagem positiva ou produtiva.

"Mexericar" é um ofício exigente. Não é para qualquer um. Pede disponibilidade e tempo, que não tem. O mexerico injeta uma fonte de pessimismo no mundo laboral. É certo que há pessoas que, quando lidam com a dor e desmotivação, fazem todos os possíveis por a generalizar, causando dor e desmotivação aos outros, mas não precisa de ser uma dessas pessoas.

Seja usado para divertimento, vingança, premeditado ou espontâneo, o mexerico tem uma força destrutiva. Identifique a fonte do mexerico sem se tornar uma. Não se deixe sugar pelo ímpeto de criticar os outros, ainda que por mais tentador que pareça ser.

"Mexericar" não passa de uma busca desesperada de uma história, quando a própria vida não passa de uma página em branco ou de um rascunho que nunca se foi capaz de passar a limpo para um caderno digno de se ler.

Crie uma ilusão.

Ofereça-lhe a ilusão de que vai fazer as tarefas sempre da forma como ele indica.

Perca as batalhas, mas não a guerra. Nunca o ignore, repare sempre na sua presença e assinale-a para que sinta que reparou nele e ele lhe é importante. Este comportamento atenua desconfianças e permite-lhe atingir a tranquilidade para se focar no que realmente é fundamental. Nada impede de recolher o máximo possível de dados antes de partilhar problemas ou tomar decisões. Seja paciente e pense a longo prazo.

Mude as lentes e suavize.

Mude as lentes e tente olhar para o chefe idiota de forma diferente. Dê-lhe o benefício da dúvida, afinal ele só quer ser aceite e amado, apesar de ser ele pouco amável.

Os idiotas não sabotam o desempenho dos seus colaboradores propositadamente, já que eles não têm inteligência para tal. Quando o fazem, é porque acreditam que essa é a melhor forma de resolver um determinado problema.

Muita da frustração que provavelmente sente, advém de esperar que o idiota demonstre bom senso.

Não vale a pena esperar. Repito, um chefe idiota não tem inteligência para tal feito.

Suavize os *emails* e as notícias. Evite expressões que podem levar o seu chefe a suspeitar que está a roubar-lhe o protagonismo. Os idiotas são perfeitos a destruir mensageiros de notícias desagradáveis.

Conceda-lhe primazia na informação.

O Idiota precisa de saber sempre tudo em primeiro lugar, ainda que seja uma informação trivial. Não pode pressentir que lhe está a esconder informação, pois poderá entender que está a competir com ele. Não esconda coisas, partilhe. A partilha dilui o medo e a desconfiança do idiota face a segredos. Inclua o idiota nas comunicações. Esta inclusão dá-lhe segurança emocional.

Nunca se deixe apanhar sem nada para fazer.

Se não tem nada para fazer, seja proativo e invente. Mas faça algo útil. Mostre que está ocupado e focado. Vê-lo ocupado dá menos razões ao idiota para se chatear.

Tenha sempre resposta na ponta da língua, mostre que está a par do seu trabalho, tranquilizando o idiota.

Estabeleça limites de tempo às conversas com o chefe idiota. Defina o tempo que vai ser necessário e cumpra-o. Salve-se de interrupções não estruturadas e infinitas, definindo de forma objetiva o tempo disponível.

Seja persistente.

Persistir não é nada mais do que manter os objetivos sempre no foco, mesmo nas maiores dificuldades ou mesmo enfrentando obstáculos que se poderiam tornar intransponíveis. É resistir às adversidade e continuar.

Persistir não é bater sempre na mesma tecla, não é teimosia, não é arrogância, não é manter-se no caminho a qualquer custo. É, pura e simplesmente, não desistir, mantendo-se ético no caminho todo. De facto, quando traçamos objetivos e os atingimos, o grande mérito está em chegar à meta fazendo todo o caminho pré-estabelecido, independentemente das dificuldades que possam ir surgindo. O que é fundamental é que, por mais contrariedades que nos possam ir surgindo, não desistamos e que encetemos a procura de soluções. Porque há sempre uma saída.

Ser persistente pressupõe criatividade, flexibilidade e visão. Criatividade para gerar diferentes estratégias, flexibilidade para ter o jogo de cintura necessário para se adaptar a diferentes situações, e visão para antecipar possíveis riscos, assim como pontos positivos ou negativos das estratégias. Assim, persistência é criar diferentes soluções para resolver um problema ou ainda buscar diversas alternativas para se alcançar um objetivo.

Os benefícios desta atitude impactam também nas pessoas que nos cercam. Elas começam a entender que se alguém consegue, elas também conseguem e iniciam igualmente esforços para atingir os objetivos a que se propuseram, até porque, afinal, tudo é uma questão de atitude.

Liberte-se da raiva.

Escreva num papel tudo o que gostaria de dizer ao seu chefe e de seguida queime-o na lareira e siga em frente. Liberte-se da raiva. A raiva destrói as pessoas por dentro e por fora. A raiva, em regra, surge porque formulamos expectativas que não foram satisfeitas. O segredo é formular expectativas razoáveis, realistas e responsáveis. É natural o idiota não ir ao encontro das expectativas dos seus colaboradores, muito provavelmente porque ele nem se preocupa com elas. Desta forma, enfurecer-se por esperar mais do seu chefe do que aquilo que ele pode dar, para além de ser um comportamento autodestrutivo, faz de si um bocadinho idiota.

Calibre as expectativas e reaja com serenidade ao incumprimento. Seja razoável, mas acima de tudo realista.

Reflita, lembre-se que realidade e percepção estão separadas por uma linha muito ténue. Foque-se nos objetivos e na organização. Redirecione a raiva para o seu foco, vai constatar que ela irá desaparecendo.

Aproveite e reelabore as expectativas. Livre-se da decepção e do ressentimento. Vai sentir que um peso tremendo lhe foi retirado de cima dos ombros. Vai sentir-se finalmente livre. Aproveite também para se livrar de sentimentos negativos, como o desprezo, que em nada ajuda.

Sentimentos negativos não fazem nada mais do que consumir energias e recursos internos, que serão fundamentais para não lhe fazer perder o foco.

Sem ressentimento e sem desprezo vai conseguir elaborar expectativas que refletem com maior exatidão o chefe com quem trabalha, o chefe real. Irá ver de forma mais realista o seu chefe e ajudar os outros também a ver.

No entanto, não basta reformular as expectativas, é fundamental também permanecer recetivo às percepções que daí advêm. É fundamental escutar e estar atento, só assim poderá ter novas aprendizagens.

Evite recaídas e para tal adote uma nova linguagem no local de trabalho. A melhor forma de garantir que tem expectativas realistas é ajudar os outros a desenvolver as suas próprias. Faça-o no local de trabalho e funcione como um catalisador da mudança. Vão todos sentir-se mais otimistas e menos *stressados*. Reinará a paz e a tranquilidade.

Todos os hábitos, mesmo os errados, estão de alguma forma entranhados na cultura das organizações, pelo que mudá-los requer persistência e determinação. O primeiro passo para toda a mudança é ganhar consciência da sua necessidade, pois se continuar a agir da mesma forma, o resultado será o mesmo.

Nada de adiar e deixar para amanhã, é preciso começar hoje, agora. Nem deve esperar ter vontade para começar, é preciso começar independentemente de sentir ou não vontade de agir.

Por vezes, quando mais desejamos e necessitamos de mudar algo, somos invadidos por um conjunto de obstáculos que nos retiram capacidade para efetivarmos a mudança desejada. Certifique-se que sabe o que pretende mudar, foque as suas forças e estratégias nisso e muna-se da força de vontade necessária para auxiliar-se nos momentos de provação.

A maior dificuldade em mudar algo prende-se com o facto de termos recompensas associadas ao status quo, nomeadamente recompensas cognitivas, situacionais, emocionais e físicas. Quando pretendemos implementar um comportamento ou atitude nova, é muito complicado lidar com o desconforto inicial e com a ausência de um retorno positivo imediato. Por este motivo, deve estar bem ciente do que quer, porque quer, e qual o benefício a médio prazo.

Para mudar algo, para implementar uma mudança significativa de forma efetiva até que se torne parte de nós, é preciso aprender algo novo. E, para aprender algo novo, é necessário dedicar tempo a essa tarefa, é preciso praticá-la e persistir nela. Retornar ao velho hábito é altamente tentador, mas o desafio é persistir no novo comportamento e encetar a mudança.

Combata o mau humor.

Todos nós passamos por diversas alterações do nosso estado de ânimo, desde que acordamos até à hora de irmos dormir, dependendo dos acontecimentos que vão ocorrendo em casa, no trabalho, na rua, das pessoas que encontramos, das notícias que recebemos e, assim por diante.

O humor é variável e modifica-se diversas vezes durante o dia em todas as pessoas. Se tivermos muitos momentos stressantes e desgastantes num único dia, é natural que, quando esse dia chegue ao fim, estejamos sem energia, cansados e tristes.

Cultivar sentimentos de intolerância e raiva por muito tempo acaba por se repercutir na saúde.

Para evitar que o corpo e a mente padeçam deste mau humor, a dica é combater a irritabilidade assim que ela surge, cultivando sentimentos positivos, que acabam por funcionar como poderosos antídotos. A alegria é vista como consequência de um estado de humor positivo. Mas, na verdade, ela é a geradora do bom humor. Outros sentimentos positivos como o prazer, a gratidão e a esperança devem ser praticados para não dar espaço à insatisfação, à mágoa e ao pessimismo.

As pessoas acham que ser feliz é uma questão de sorte. Mas, na realidade, é preciso batalhar pela própria felicidade. A felicidade é um dever do ser humano, não um direito, o que significa que devemos ter um papel ativo e não passivo na sua procura e manutenção.

Todos os dias devemos procurar, de forma consciente, a felicidade no local de trabalho.

No entanto, não esqueçamos que, segundo a maioria dos dicionários, felicidade é um estado da pessoa feliz. Mais especificamente, a felicidade é definida como sinónimo de ventura, contentamento, êxito e sucesso. Daqui, facilmente depreendemos que, sendo um estado, não temos de estar sempre felizes. Ou seja, é natural por vezes não se sentir completamente feliz no local de trabalho, sem que isso se constitua um problema.

O trabalho fornece a estrutura e propósito para cada dia das nossas vidas mas, para que tudo corra bem, é necessário descobrir o que o incomoda, o que está a causar o mau humor, e ter persistência para resolver o problema. Determinação e empatia constituem-se como ingredientes de sucesso. Determinação dado que a tarefa de recriar a felicidade parece ser eminentemente complexa e empatia para, ao colocar-se no lugar do outro, relativizar e minimizar situações mais complexas.

Não implore que gostem de si.

É difícil dizer e exprimir por palavras as razões que nos levam a gostar de algo ou de alguém. Pode tentar mergulhar na infância, pensar na influência dos pais, refletir sobre experiências marcantes, mas nunca compreenderá inteiramente o porquê de gostar de algo. Simplesmente gosta-se. Porém, não se gosta de todos os livros, de todos os locais, de todas as músicas e de todas as pessoas. Há sempre algo ou alguém que é preferido. Isso é natural, não deve causar confusão.

Tal como não se gosta de todos os tipos de literatura, também não se gosta de todas as pessoas. Todavia, o oposto também acontece. Há pessoas que não gostam de si. Há quem fique verdadeiramente incomodado quando percebe isso. O que muitas pessoas fazem, quando percebem isso, é: ou tentar agradar a todo o custo às outras pessoas, quase implorando pelo seu amor, ou ficar tremendamente indignadas com o facto de não serem apreciadas.

O que deve então fazer? A resposta é simples: deve-se agradecer. Se for o que é suposto ser – com toda a autenticidade e frontalidade que isso implica – vai necessariamente, chocar com outras pessoas. Vai ser diferente do que elas gostariam que fosse.

Terá visões do mundo distintas e fará escolhas diferentes. E isso é motivo para agradecer. Não só porque a diversidade é uma riqueza, mas porque é terrível ser alguém de quem toda a gente gosta. Para ser alguém que toda a gente gosta, é preciso estar sempre a mudar para agradar. É necessário ter cem máscaras diferentes e deixar de ser autêntico, passando a ser um personagem inventado. Ora, um personagem inventado não pode ser feliz, porque não é real.

Não queira que o seu chefe e os seus colegas gostem de si à força. Queira ser quem é e divirta-se por ser quem escolheu ser.

Não minta.

Seremos todos uns mentirosos? Se pensarmos bem, na escola, os alunos mentem sobre os reais motivos porque faltaram ou não fizeram os trabalhos de casa, chefes mentem aos seus colaboradores quando têm alguma falha, os colaboradores no dia-a-dia mentem sobre os motivos que os levaram a faltar ao trabalho, esposas mentem aos seus maridos e vice-versa nas mais variadas situações, pais mentem aos filhos para não os magoar. No final, alguém dirá a verdade?

Uma pessoa conta, em geral, três mentiras a cada dez minutos. É o que afirma o estudo realizado por Robert Feldman, professor de psicologia da Universidade de Massachusetts, nos Estados Unidos.

Acredito ser praticamente impossível um ser humano viver em sociedade sem usar a ferramenta da mentira em algum momento da vida. Quem diz que nunca mentiu, está, ele próprio, a mentir.

Mente-se para evitar magoar pessoas que são importantes, para evitar situações embaraçosas ou mesmo até para esconder a incapacidade perante terceiros.

Mas nada justifica uma mentira, seja qual for a sua intenção. Lembre-se que a principal mentira é a que contamos a nós próprios e mais cedo ou mais tarde será descoberto.

Apesar de poucas pessoas estarem preparadas para identificar um mentiroso no dia-a-dia, há sinais que o denunciam. O cérebro não aceita a negação. Quando a pessoa mente, está a negar a verdade, e alguma parte da expressão facial ou do corpo vai denunciá-la. Aspetos como uma grande frequência do piscar de olhos, o uso das sobrancelhas para dar ênfase a alguma parte da conversa, a posição inquieta das mãos e das pernas, a rigidez dos ombros e o franzir exagerado da testa são alguns sinais que podem indicar que está perante um mentiroso em ação.

Seja autêntico.

Mais do que falar de si mesmo, o importante é ter evidências do que é capaz de fazer, o que só ocorre se o foco for em fazer, não em publicitar que se faz. A reputação do profissional constrói-se diariamente, com coerência e integridade, fortalecendo a confiança com os que todos os dias trabalhamos.

O mundo não precisa de mais marketing pessoal, precisa de consistência e propósito, precisa que cada um de nós, no desempenho das nossas funções, faça as tarefas com paixão. A paixão sente-se e é uma alavanca para deixar memórias positivas.

À semelhança do que ocorre nas relações pessoais, quando estamos apaixonados e o foco é no outro, também, no profissional apaixonado, o foco é no trabalho, em fazer melhor. Não há melhor publicidade do que esta: ter o sorriso espelhado no rosto e a magia refletida nos olhos.

A qualidade do desempenho, por si só, permite fazer a diferença. No momento certo, terá o retorno do seu investimento, alcançará reputação e notoriedade.

Publicidade a mais e pouca qualidade não fará com que atinja sucesso.

Aliás, pode até ajudar, mas sem qualidade, o tempo de vida útil do seu sucesso não será muito extenso.

Histórias são histórias e desde sempre o homem as contou. Umas de pura ficção outras baseadas na realidade. É verdade que as histórias aproximam as pessoas, criam laços e identificações mas, em vez de contar uma história, viva a sua própria e deixe que sejam os outros mais tarde a contá-la com orgulho em si.

Seja mais interessado do que interessante, mais empático do que simpático, ouça mais do que fale e o sucesso virá por si.

Por último, acredito que há esperança e potencial em todas as coisas e em todas as pessoas. Veja-o! Minimize e Descomplique.

RECEITA
PARA NÃO
SE TORNAR UM
CHEFE IDIOTA

*Humildade é a receita
mais prescrita pelos
médicos para atingir o
sucesso.*

S er líder nos nossos dias é uma das tarefas mais complexas e árduas que existe. Desprovidos de modelos adequados, a tendência para a falha é elevada.

Para atingir o sucesso, siga esta receita, dividida em quatro fases, interligadas entre si. Com esta receita, vai compreender o fenómeno da liderança e dar os primeiros passos para se tornar um líder eficaz.

Fase 1 - Conhecer

Esta fase é constituída por um duplo objetivo.

O primeiro é o líder conhecer-se a si próprio, identificando os seus pontos fortes e as áreas onde pode melhorar. A liderança eficaz começa no interior. Antes de poder pensar-se em liderar alguém, o líder deve conhecer-se a si mesmo e saber do que precisa para ser bem-sucedido. O conhecimento sobre si próprio dá-lhe perspetiva. Paralelamente, precisa de automotivar-se.

Automotivação é a capacidade de se motivar a si mesmo, visando desenvolver e adquirir melhorias para a vida pessoal, profissional e relacional. Essa capacidade está relacionada com o desenvolvimento pessoal de cada um, nas diversas situações e fases da vida.

Não se pode negar a importância da automotivação, esta está diretamente ligada a um *mindset* positivo, à capacidade de perceber que a ação pode trazer resultados importantes e que cada um é responsável pelas suas conquistas.

No entanto, até os trabalhos mais excitantes têm dias mais aborrecidos – quando as tarefas começam a ficar repetitivas, quando se trabalha com as mesmas pessoas todos os dias, quando se cai na rotina. Apesar de a motivação poder diminuir, há uma grande probabilidade das pessoas se deixarem ficar nesta zona de conforto, que se mostra como segura e previsível.

Para contrariar esta tendência, é necessário tomar consciência do momento, perceber o que se pode melhorar, e transformá-lo através de pequenas mudanças diárias na rotina. É preciso perceber quais os momentos/atividades que dão mais prazer/mestria e deslocar parte do foco e atenção para atividades deste tipo. A criatividade é um bom aliado neste momento, pois através desta é possível tornar atividades aborrecidas em atividades mais entusiasmantes, ao interligá-las a atividades que nos dão prazer.

A postura do líder, quer seja positiva ou negativa, contagia a atitude dos seus colaboradores.

Se for um líder apaixonado pelo que faz, com energia, prestável e colaborante, a probabilidade de permitir que um dos colaboradores caia na rotina e lá se mantenha, assumindo um grau de desmotivação elevado, é muito baixa. O segredo passa pelo líder descobrir o que o motiva, de forma a alimentar diariamente essa motivação.

Por fim, é de primordial importância que todas as conquistas sejam celebradas - autoelogiar-se de cada vez que acaba uma tarefa, fazer uma pequena pausa e recompensar-se com pequenas coisas que o façam sentir bem. O autorreconhecimento invoca o sentimento de missão cumprida e a sensação de satisfação por ter realizado aquilo a que se propôs.

O segundo objetivo desta fase é o líder avaliar e conhecer a esperança, a competência e o compromisso de cada colaborador face a uma dada tarefa.

No que concerne à competência, isto é, ao somatório do conhecimento com as técnicas que um indivíduo leva consigo para um objetivo ou tarefa, a melhor forma de a avaliar é estando atento ao seu desempenho.

Mais difícil, embora não impossível, de avaliar é o compromisso, isto é, a motivação e confiança de alguém relativamente a uma tarefa ou a um objetivo. Se a motivação e a confiança dos liderados for elevada, eles estarão comprometidos e envolvidos na tarefa. Para avaliar o compromisso, o líder pode colocar, a título de exemplo, a si próprio as seguintes questões face ao seu colaborador:

a) O colaborador demonstra interesse em integrar a tarefa?

b) O colaborador vê esta tarefa como uma oportunidade de desenvolvimento?

c) Os interesses e valores do colaborador estão alinhados com os da tarefa?

Tendo por base esta avaliação inicial, o líder estará na posse de um conhecimento aprofundado de cada colaborador e poderá agir em consonância, adotando o estilo de liderança adequado à natureza da tarefa e ao conhecimento que possui dele.

Fase 2 - Alinhar

Nesta fase, o objetivo do líder é criar/desenvolver aquilo que designo por *Hope Potential*. Engloba quatro dimensões principais, que se interrelacionam: autoeficácia (ou autoconfiança), esperança, otimismo e resiliência.

Os indivíduos com maior potencial são mais felizes e satisfeitos, empenham-se mais na organização e no trabalho, apresentam níveis inferiores de absentismo e são mais produtivos.

As pessoas com maior autoeficácia acreditam que são capazes de mobilizar a sua motivação, os seus recursos cognitivos e os cursos de ação necessários para realizarem com sucesso as tarefas. Optam por iniciativas mais desafiantes, aplicam os seus esforços e recursos motivacionais na prossecução dos objetivos, são perseverantes perante os obstáculos.

As pessoas mais esperançosas exibem uma grande determinação e energia na prossecução dos seus objetivos e denotam grande capacidade para desenvolverem vias alternativas que lhes permitam resolver problemas e aproveitar oportunidades.

As pessoas otimistas atribuem os eventos negativos a fatores externos (não a eles próprios), temporários ("o facto de ter sido mal sucedido hoje não me impede de ser bem sucedido amanhã") e situacionais ("aconteceu-me nesta situação, mas não tem que correr noutras") e atribuem os eventos positivos a fatores internos ("tive a competência necessária para a tarefa"), permanentes "sou capaz de repetir os meus sucessos" e recorrentes "serei bem sucedido também noutras situações". Por conseguinte, creditam os sucessos a si próprios e à sua equipa, encaram os eventos negativos com confiança, desenvolvem menos sentimentos de culpa e desespero, e nutrem-se de autoestima e entusiasmo. É necessário, todavia, que o otimismo seja realista.

As pessoas resilientes lidam eficazmente com a adversidade, a incerteza e o fracasso.

Encaram com maior vigor os grandes desafios e as mudanças (e.g., incremento de responsabilidade). Atravessam as adversidades com o sentido de que a vida merece ser vivida.

Quando generalizado numa organização, o *Hope Potential* gera vigor, energia e vitalidade organizacional.

Os líderes dispõem de um amplo leque de possibilidades de desenvolvimento deste capital. Além de "resolverem problemas", cabe-lhes apreciar as forças dos colaboradores, proporcionar trabalho com significado para as suas vidas e assim construir uma comunidade humana/económica vigorosa. Transmitindo confiança aos colaboradores e concedendo-lhes a oportunidade de realizarem tarefas desafiantes, ajudam-nos a desenvolver a sua autoconfiança. Estabelecendo-lhes objetivos realistas, específicos, mensuráveis e desafiantes, os líderes estão a preparar os seus colaboradores para eventos importantes e estão a ajudá-los a redefinir objetivos sempre que os objetivos originais se revelem inacessíveis, fortalecendo assim a esperança no sucesso.

Evitando que se chore sobre o leite derramado e transmitindo a convicção de que o futuro é repleto de oportunidades de desenvolvimento, auxiliam a incrementar o otimismo. Melhorando os níveis de formação e empregabilidade, adotando políticas de conciliação trabalho-família e implementando serviços de saúde e bem-estar, ajudam-nos a incrementar a resiliência.

Fase 3 - Monitorizar

O objetivo desta fase é monitorizar o comportamento do colaborador. Através de duas técnicas fundamentais, o reconhecimento e o *feedback* construtivo, o líder assegura que o desempenho dos seus colaboradores vai no sentido que pretende, corrigindo assim possíveis desvios que tendem a ocorrer.

O bom líder muda o estilo consoante, entre outras coisas, a competência individual do liderado. Contudo, as competências do líder vão, também, no sentido de dar *feedback* aos liderados. É deste modo que se torna necessário elogiar os subordinados pelas tarefas realizadas com sucesso e pelas ideias inovadoras que apresentam. Da mesma forma, é também necessário dar *feedbacks* construtivos de um modo assertivo, quando surgem erros e a tarefa não é realizada com êxito, para que percebam a razão do que correu mal e assim possam melhorar.

Como disse Goethe, "Corrigir ajuda. Encorajar ajuda ainda mais". Será, pois, necessário que o líder esteja atento aos seus subordinados para, deste modo, os poder incentivar eficazmente.

O Reconhecimento

Para que os outros mudem o seu comportamento, é necessário atingi-los no ponto de motivação, tornando interessante o objetivo a alcançar. Para reforçar a motivação, pode também recorrer-se à pedagogia dos incentivos. Todos sabemos como são necessários os estímulos positivos (os reconhecimentos) e como eles são bem recebidos pelos destinatários.

Assim, é essencial que, inicialmente, o líder explique detalhadamente o que pretende e qual o objetivo esperado de uma tarefa. Deve, pois, expor com clareza os fins a alcançar para que não restem dúvidas em relação ao pretendido. Será, também, necessário encorajar os indivíduos à medida que se vão aproximando da realização eficaz da tarefa. Sendo o reconhecimento um modo compensador de provocar satisfação imediata, ele é em si mesmo um mecanismo altamente potenciador da produtividade de todos os colaboradores. Não podemos esquecer que todas as pessoas gostam de ser reconhecidas, mesmo as que têm elevada autoestima e segurança.

Quando o reconhecimento vem de um superior hierárquico, obviamente, a satisfação do sujeito aumenta, podendo aumentar também a sua motivação e predisposição para a tarefa e, por consequência, o seu nível de eficácia. Porém, o reconhecimento não é somente positivo para quem o recebe. Também quem o dá, experimenta satisfação. Como diz um provérbio chinês:

"Fica sempre um pouco de perfume, nas mãos de quem oferece rosas".

Reconhecer será, então, um dever do líder.

Então, como prestar reconhecimento?

De acordo com as características de algumas sociedades, que aparecem como sendo mais facilmente críticas, há que trabalhar, um pouco, o modo como o reconhecimento deve acontecer, para que seja explícito e para que o interlocutor o perceba. Deste modo, o bom reconhecimento não pode referir-se ao abstrato: deve ser dirigido a aspetos concretos e específicos – uma qualidade, uma tarefa realizada, um objetivo alcançado, um esforço coroado de êxito.

O reconhecimento pode também ser não verbal: um sorriso, um gesto, uma aprovação. Contudo, o reconhecimento verbal tem melhores resultados e é mais bem compreendido pelo recetor. Deve então ser referido em formas rápidas e explícitas: Fiquei satisfeito com...; quero felicitá-lo por...; estou a gostar muito de...; continue assim...; Parabéns por...

O reconhecimento deve ser adequado à tarefa. Não deve ser desproporcionado, ou exagerado, porque pode levar a uma interpretação errada e ser entendido como um reconhecimento irónico, falso ou hipócrita.

Para além de concreto, o reconhecimento deve também ser oportuno, ocorrendo no momento em que a pessoa mais precisa. Deve ser dado no momento certo, e não constantemente, para não cair na vulgaridade. Deve ser sincero e honesto. Não deve ser interesseiro ou manipulador. O bom reconhecimento serve para dar satisfação ao outro e deve ser feito de forma desinteressada.

O *Feedback*

O *feedback* é fundamental para melhorar o desempenho individual e organizacional.

Há três coisas fáceis e importantes que se podem fazer para assegurar que o desempenho será produtivo:

1) estabelecer metas claras para os colaboradores e garantir que estes estão conscientes dos seus objetivos e responsabilidades;

2) rever de forma constante e fazer anotações sobre o desempenho de cada colaborador;

3) escrever exemplos específicos de bom e mau desempenho (o mais detalhadamente possível) e providenciar *feedback* regular.

Isto irá assegurar que os objetivos estarão na direção certa e que pequenas questões serão resolvidas antes de se tornarem grandes problemas.

O *feedback* resulta melhor quando é um processo contínuo, ocorrendo de forma semanal ou mesmo diária. Isto permite que seja imediato e claro, não causando mal-entendidos, mas sim o impacto correto no momento certo. Apenas desta forma tem significado. Receber e dar *feedback* são competências essenciais para a gestão de desempenho.

Existem vários tipos de *feedback*, mas só o construtivo é eficaz para a mudança de comportamento. Reconhecimento e Crítica são dirigidos à pessoa e não ao desempenho, sendo difícil, assim, assegurar a mudança de comportamento. Por outro lado, o silêncio pode transmitir ideias erradas- que o desempenho é ótimo e não há necessidade de mudança ou que é tão mau que já nem vale a pena dizer o que quer que seja. Em ambas as situações, estamos a contribuir para a desmotivação dos colaboradores. Dar simples conselhos também não contribui para a mudança de comportamento, pois não permite a reflexão sobre o desempenho, nem a avaliação do seu impacto. Como diz a sabedoria popular, se os conselhos fossem bons, não se davam, vendiam-se.

Para dar um *feedback* correto deve-se:

a) observar o desempenho dos colaboradores no ambiente de trabalho;

b) perceber o impacto deste comportamento, isto é, qual o efeito que o comportamento mencionado tem na organização;

c) perceber qual o comportamento desejado, que pode reforçar a eficácia do colaborador no futuro.

Um *feedback* dado de forma incorreta pode resultar em conflitos, ter um impacto grande na autoestima individual, ser destrutivo para a equipa e resultar em competição interna conflituosa assim como passar a ser subjetivo.

O *feedback* eficaz deve ter as seguintes características:

1. Útil

Direcionado para o comportamento que a pessoa pode mudar. A linguagem usada deve ser positiva e construtiva de forma a contribuir para a aprendizagem e desenvolvimento. Ao transmitir às pessoas que se pensa nas suas necessidades e motivações, trabalha-se na construção de um clima de confiança e respeito mútuo;

2. Específico

Quanto mais específico mais útil será para o colaborador. Deve dar exemplos de boas e más práticas e expor as consequências destas práticas para a empresa. Devem ser indicadas sugestões de como melhorar o desempenho após questionar o colaborador sobre como este acha que pode melhorar.

3. Imediato

O *feedback* deve ser transmitido imediatamente após a conclusão da tarefa. Quanto maior o período de tempo entre o fim da tarefa e o *feedback*, menor o impacto e a credibilidade deste.

Ser imediato permite à pessoa melhorar antes da próxima tarefa/projeto.

4. Equilibrado

O *feedback* deve ser tanto positivo quanto construtivo. Deve-se começar sempre pelo positivo e no momento da crítica construtiva podem ser discutidas as áreas a melhorar, terminando com uma nota positiva.

5. Construtivo

Quando o desempenho atende ou excede as expectativas, o *feedback* positivo ajudará a reforçar o mesmo. Quando o desempenho não atende às expectativas, ou uma tarefa foi executada de forma incorreta, isso deve ser transmitido ao colaborador, com uma explicação acerca da forma correta de o fazer. Isto garante que as pessoas entendam que aspetos devem ser alterados e como a mudança pode ocorrer.

6. Objetivo

O *feedback* deve centrar-se em factos e não em opiniões. Os factos são provas concretas e reais de desempenho. As opiniões são juízos de valor baseados num pré-julgamento.

Em suma, o *feedback* eficaz deve dar informação sobre o comportamento do outro, incutindo nele vontade e mais capacidade de melhorar o seu desempenho. O grande objetivo do *feedback* é conseguir motivação e compromisso para a ação por parte do colaborador.

Com os *feedbacks* negativos, é possível reconhecer as falhas, ajustar comportamentos e proporcionar evoluções. Os *feedbacks* positivos são uma ferramenta poderosa para gestores, diretores e colaboradores, que entendem que é preciso mostrar o valor que cada pessoa gera no negócio, podendo ser utilizados para reconhecimento e para elogiar determinadas pessoas.

O reconhecimento é uma parte essencial da vida de qualquer ser humano, principalmente no âmbito profissional. Ao obter reconhecimento pelo trabalho executado e pelos resultados obtidos, a tendência é que o colaborador se sinta mais motivado e proactivo, provocando assim o crescimento da empresa.

É fundamental o líder não esquecer que, em regra, os colaboradores são orientados para a tarefa, pelo que o reconhecimento deve ser dado ao longo de todo o progresso, ou caminho, até ao objetivo final.

Para reconhecer o desempenho de um colaborador é importante:

- Estar atento ao seu comportamento;

- Ser sincero e escolher adequadamente o momento;

- Apontar contribuições específicas, aprendizagens ou comportamentos;

- Identificar os atributos pessoais que contribuíram para o feito;

- Olhar para o que as pessoas estão a fazer bem;

- Focar-se em "como" os resultados foram alcançados;

- Atentar no impacto que as ações tiveram na equipa, nos outros, no negócio e nos clientes.

Fase 4 - Desenvolver

Nesta última fase, é objetivo do líder desenvolver o colaborador, no que concerne à sua dimensão humana, promovendo a sua felicidade.

Ser ou não ser feliz, é algo fundamental na vida das pessoas, nas famílias, no emprego, na educação, na política, no desporto e noutras manifestações socioculturais.

A busca da felicidade constitui o último objetivo da existência humana.

Nos nossos dias, no seio das organizações, há muitos fatores promotores de bem-estar, mas também novos perigos ameaçadores da alegria. Neste contexto, urge promover a felicidade e o bem-estar.

Toda a gente quer ser feliz, toda a gente fala de felicidade. Trata-se de uma emoção positiva fundamental, muito versada na literatura, na filosofia e agora recentemente na psicologia. Trata-se de uma construção muito individualista que deve ser considerada mais como um traço estável do que como um estado emocional transitório.

Ser feliz é fundamental na vida das pessoas. É, em si mesmo, um sentido para a vida pelo que cabe ao líder promover a felicidade dos seus colaboradores no contexto organizacional.

Mas como se promove a Felicidade?

Para promover a felicidade é importante a definição de metas pessoais, que devem ser diferenciais, dinâmicas e realistas. Basicamente, cabe ao líder a construção de um projeto coerente, que permita atingir o verdadeiro objetivo da felicidade, a "plena realização de si mesmo".

Para promover a felicidade dos seus colaboradores, o líder deve promover o desenvolvimento daquilo que se designa de *Happy Potential*.

O *Happy Potential* é constituído por 6 vetores:

1) autoaceitação- atitude positiva perante si mesmo,

2) relação positiva - capacidade de relações interpessoais calorosas, de empatia e intimidade,

3) autonomia - sentido de autodeterminação, de liberdade e de independência, de autocontrolo do comportamento,

4) controlo do ambiente- capacidade de adaptação mas também de domínio,

5) projeto de vida - capacidade de ter um sentido ou um projeto para a vida, de ter uma direção, uma intencionalidade,

6) crescimento pessoal - constante atualização e desenvolvimento.

Será função do líder, nesta fase, a promoção do desenvolvimento da felicidade, alicerçando a sua estratégia na promoção do autoconhecimento dos seus colaboradores.

No entanto, não esqueçamos que o colaborador também tem um papel ativo neste processo. Ter um "cardápio" repleto de benefícios não cria necessariamente felicidade. A felicidade é um estado, não temos que estar sempre felizes, e é um dever do colaborador, não um direito. Cabe ao colaborador procurar o que o faz feliz.

DESISTIR,

DEPOIS DE

INSISTIR

*Não é o colaborador que
adoece a empresa, mas
sim a empresa que adoece
o colaborador.*

Há muitas razões para um colaborador deixar a empresa. Infelizmente, no topo das razões que levam a que isso aconteça, está a má qualidade da chefia. Fatores como o salário não aparecem sequer nas primeiras cinco razões para a saída dos colaboradores.

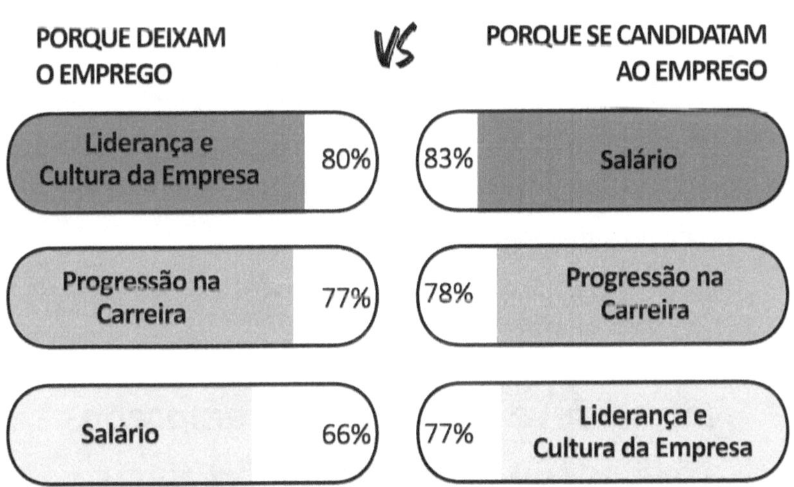

fonte- ISL Recruitment

É, por isso, importante perceber que quem sofre diariamente com um chefe idiota não está condenado a ter que passar por isso até ao final da sua carreira profissional.

Quando todas as estratégias já foram tentadas e, ainda assim, a ida para o trabalho continua a ser uma tormenta que provoca mau estar físico e psicológico, está na altura de se arrumar os pertences e dizer adeus, apesar do quão assustador o desemprego possa parecer.

Reconhecer quando é altura de dizer adeus

O tempo costuma ser um bom conselheiro também nestas matérias: se já se chegou à conclusão que o comportamento erróneo do chefe não é pontual, mas sim sistemático e continuado, se por mais que se tente não se vê qualquer evolução na relação com este, se o ambiente de trabalho ao redor está tóxico e irrespirável, isso significa muito provavelmente que está na hora de se começar a pensar na próxima etapa profissional.

Não se deve esquecer que empregos tóxicos são índigos e desprezíveis.

Um ambiente tóxico não faz bem a ninguém, afeta a autoestima e a felicidade de qualquer pessoa, bem como o otimismo e a forma como se encara o mundo do trabalho.

Qualquer pessoa merece mais e melhor. Sair de um emprego estável dá medo, mas o pior é deixar tudo ficar na mesma. Se se tem a certeza que de tudo se fez e nada adiantou, então é porque o caminho já não passa pela organização a que se pertence.

Se tem a certeza que tudo fez e nada adiantou, então o caminho não passa mais pela organização a que pertence, está na hora de dizer adeus.

E nem vale a pena ter sentimentos de culpa. Nestas situações, se há algum culpado é o chefe, justamente pela sua incapacidade de ser um bom líder. Não convém também culpar ninguém, nem cortar relações. Atribuir culpas não ajuda o colaborador, quer esteja a culpar o chefe ou a si próprio.

O importante é que o profissional se concentre no futuro e aceite que o que está feito, feito está e felizmente ou infelizmente não se pode mudar.

Ter vergonha também não se justifica. Ninguém tem de sentir-se envergonhado por não aguentar mais sofrimento. Aceitar o sofrimento sem nada fazer é eternizá-lo, aumentando a sua eficácia. A vergonha, a existir, será dos responsáveis pela tormenta, os chefes idiotas.

Transformar um período difícil num período de oportunidade

Posto isto, há que colocar as mãos à obra e avançar na procura de emprego. O ideal será encontrar um novo emprego enquanto ainda está empregado mas, por vezes, isso não é possível.

Perder o emprego é um dos momentos mais difíceis na carreira de um profissional, especialmente quando isso acontece de uma forma abrupta ou inesperada. Não é de estranhar por isso que os dias após a demissão não sejam dos mais fáceis.

A saída de um posto de trabalho é sempre um momento de mudança, logo acarreta medos e ansiedades. No entanto, é também uma oportunidade para conquistar a carreira que se ambiciona, que ainda não se conseguiu, numa empresa em que o chefe não seja um idiota.

O primeiro passo para fazer do momento difícil uma grande oportunidade, é manter a calma, a tranquilidade e aceitar a situação com naturalidade. Existe um mundo de oportunidades fora da empresa onde se trabalhou. Deve-se aceitar o desemprego como algo que pode acontecer com qualquer um e a qualquer hora, sem necessidade de se esconder isso dos amigos e da família. O círculo social mais restrito tem um papel muito importante na superação desse momento tão difícil.

É importante reavaliar atitudes e comportamentos e tentar melhorar as áreas em se possa sentir mais frágil, quer técnica quer socialmente, para não voltar a encontrar-se na mesma situação num futuro próximo.

Havendo dinheiro da rescisão do contrato, este deve ser visto como uma reserva que deve ser usada com muita inteligência e como base a salvaguardar enquanto não voltar ao mercado de trabalho. É importante não cair na tentação de o gastar sem pensar nas consequências.

Desemprego não são férias, portanto, não convém habituar-se a acordar tarde todos os dias, a passar as tardes a ver televisão e a lamentar-se à noite por ainda não ter arranjado emprego.

Aproveitar o tempo livre para fazer cursos gratuitos, aperfeiçoar as principais habilidades e deixar surgir aquelas que ainda não se conhece é extraordinariamente benéfico. Para além disso, é uma boa oportunidade para cuidar da saúde do corpo e da mente. Esta é uma ótima maneira de investir em si mesmo e fazer com que um leque de oportunidades se abra no campo profissional.

Construir um *Curriculum Vitae* apelativo

Aqui chegados, é fundamental procurar novas oportunidades de emprego. Para tal, é necessário um bom currículo, com todos os dados pessoais, principais experiências, escolaridade e objetivos profissionais. Um CV deve ter no máximo duas ou três páginas. Deve ser simples, direto, conciso, mas acima de tudo apelativo, criando no empregador a vontade de o ler do início ao fim.

Um currículo tem de contar a história pessoal de forma resumida, incisiva e objetiva.

E, como qualquer história que se preze, tem de deixar o final em suspense, criando curiosidade no empregador em conhecer a figura principal.

Existem no mercado vários formatos disponíveis para elaborar um CV, contudo, é possível que nenhum destes seja perfeito para si, pois cada pessoa tem um sentido estético diferente, para além de um percurso pessoal e profissional distinto dos demais.

Por isso, se não encontrar nenhum que goste, ou até mesmo que reflita a sua história, não se preocupe, pode sempre criar o seu. Experimente tantos quantos conseguir até ter a certeza que o que escolheu passa a mensagem que quer transmitir, mas acima de tudo revela quem é e o que valoriza num emprego.

Pode eventualmente ser mais inovador e fazer um vídeo-cv. Aqui tudo depende dos seus objetivos de carreira e o público que pretenda atingir.

O mercado de trabalho é cada vez mais competitivo e é difícil uma pessoa destacar-se na multidão. O vídeo-cv está a tornar-se popular, já que cada vez mais candidatos procuram formas inovadoras de se apresentarem às empresas. Quando bem usados, conseguem mostrar criatividade, originalidade, versatilidade e a personalidade do candidato.

Se optar por um vídeo-cv , certifique-se de que:

• É curto (no máximo 2 minutos);

• É original;

• É mais do que simplesmente uma pessoa a falar para a câmara (tem de possuir animações, imagens, fotografias, história, entre outros);

- A roupa utilizada tem aspeto profissional;

- O seu discurso é claro e fala de forma pausada, de forma a que se perceba o que está a ser dito;

- Os seus contactos estão no final do vídeo;

- Menciona porque é uma mais valia para a empresa onde se está a candidatar;

- Refere quais são os objetivos profissionais;

- É impactante.

Independentemente do formato, o CV deve possuir um conjunto de secções com:

a) Dados pessoais

Nome, data de nascimento, contactos, nacionalidade, local de residência, *link* para o *Linkedin*.

b) Resumo pessoal

Descrição efetiva das características pessoais, competências que possui e descrição da carreira profissional.

c) Percurso Académico

Apresentar sempre o percurso académico mais relevante de forma destacada. Esta informação poderá ser colocada após a experiência profissional, mas por uma questão cronológica, faz sentido que esteja antes.

d) Experiência profissional

É aconselhável começar com a experiência profissional mais recente, caso esteja sem atividade profissional, pois é quase sempre a mais importante para a função a que se está a candidatar. Nesta parte, é fundamental descrever as empresas onde trabalhou. Será ainda obrigatório descrever as suas funções, elencar as responsabilidades e apresentar, se possível, alguns dados quantitativos que revelem o seu sucesso nas diferentes funções.

e) Interesses pessoais e outras atividades

Indicar interesses pessoais e outras atividades que exerça fora do âmbito da sua profissão. Também pode indicar aqui o voluntariado praticado, desportos em que foram federados, *hobbies* e interesses pessoais.

É verdade que condensar toda esta informação em poucas páginas e com algum cuidado estético não é fácil, mas com criatividade é possível. Se tiver muito mais do que três páginas, torna-se monótono e enfadonho, levando a que o empregador não o considere.

O fundamental é fazer a diferença e torná-lo especial.

Alguns truques podem ajudar nesta tarefa:

- Cores para realçar palavras-chave sobre a função, valores e cultura da empresa a que se candidata;

- Foco no essencial, para resumir quando a experiência é pouco relevante e detalhar quando se trata de informação fundamental para a atividade em causa;

- Versatilidade, para que seja possível ver o documento tanto em computadores, como em telemóveis ou *tablets;*

Não vale a pena hipervalorizar as experiências profissionais, mesmo que elas pareçam ter muito impacto, convém ser honesto.

Escrever uma Carta de Apresentação cativante

O CV é somente uma das ferramentas que se pode usar para conseguir o emprego de eleição.

Para além de um bom CV, deve ter uma comunicação coerente sobre si, de forma a criar uma marca pessoal que transmita as suas qualidades e competências, e ter uma carta de apresentação.

Uma boa carta pode ser a chave para conquistar a vaga desejada no mercado de trabalho e destacar-se entre tantos outros candidatos.

A carta de apresentação deverá ser breve e simples. Esta carta deve, juntamente com o seu CV, convencer o empregador a chamar o proponente para uma entrevista.

Dicas para uma boa carta de apresentação:

• Ter uma boa frase de abertura, algo impactante;

• Não utilizar palavras demasiado modestas;

• Explicar o motivo da candidatura;

• Não ser muito longa;

• Não falar em ordenado;

• Não reproduzir o currículo- a carta de apresentação deve ser um complemento ao currículo, e não uma cópia do mesmo;

• Ser escrita de forma simples e clara;

Na base de tudo, deve estar uma profunda análise do mercado de trabalho, de forma a poder comparar as suas competências com as necessidades das diferentes empresas e fazer um *match* entre ambos.

Boa sorte!

Não vale a pena desanimar! Aposte nas suas qualidades como profissional e mantenha o entusiasmo. Esse é o grande segredo para que o desemprego não seja encarado como um fracasso, mas como uma oportunidade para dar início a um novo caminho para atingir a satisfação na carreira.

Pode ser frustrante enviar muitos *emails* e obter poucas respostas, por isso prepare-se, seja seletivo e resiliente.

Numa adaptação das palavras de Rubem Alves, não esqueça que: *"Há empresas que são gaiolas e há empresas que são asas".*

Empresas que são gaiolas existem para que os pássaros desaprendam a arte do voo. Pássaros engaiolados são pássaros sob controlo. Engaiolados, o seu dono pode levá-los para onde quiser. Dentro de gaiolas, os pássaros têm sempre um dono, mas deixam de ser pássaros. Porque a essência dos pássaros é o voo.

Empresas que são asas não amam pássaros engaiolados. O que elas amam são pássaros em voo. Existem para dar aos pássaros coragem para voar. Ensinar o voo, isso elas não podem fazer, porque o voo já nasce dentro dos pássaros. O voo não pode ser ensinado. Só pode ser encorajado!

HISTÓRIAS
DEMASIADO REAIS

*Poderíamos escrever cente-
nas de páginas sobre chefes
idiotas, mas ficaríamos sempre aquém do impacto que
têm no dia-a-dia.*

Porque é mais fácil perceber através de exemplos reais, aqui ficam dois registos verídicos, cujos nomes dos protagonistas foram devidamente alterados, e um testemunho, com uma visão diferente, de alguém bem conhecido.

Raquel, uma vítima de um Chefe Idiota

Chefes altamente tóxicos já todos tivemos. Alguns ainda os têm e conhecem bem o seu poder destruidor. Quem já se conseguiu livrar de um chefe idiota sabe bem dar valor a quem ainda sofre os efeitos erosivos de ter de trabalhar com quem deprecia permanentemente os que estão à sua volta.

A Raquel demorou a perceber e sentiu na pele os efeitos do chefe idiota.

Sempre foi uma pessoa muito reservada, não gostava muito de falar e preferia estar sozinha em vez de estar em grupo. Desde pequena que gostava de estar sossegada no seu canto e de não se colocar em situações fora da sua zona de conforto.

Na escola, a Raquel era muito tímida. Tinha muitas dificuldades em interagir com os seus colegas, mas tinha um grupo privilegiado de amigos.

Já em adulta, manteve esta personalidade discreta, de poucas palavras e de poucas interações.

Começou a trabalhar cedo e sonhava com um futuro promissor. O trabalho implicava andar sempre de um lado para o outro e fazer múltiplas viagens ao estrangeiro. As viagens eram feitas com o seu chefe e colegas de trabalho que formavam a sua equipa.

Nessas viagens, havia sempre muitos convites para sair à noite, passear, e conhecer as cidades onde ficavam, mas Raquel acabava por ficar sempre no hotel. Sentia-se cansada e não tinha paciência, nem vontade, para passeios.

Numa das últimas viagens a Madrid, apesar dos múltiplos convites do chefe e dos seus colegas, Raquel acabou por ficar no hotel. Tinha um plano maravilhoso: jantar no hotel, tomar banho e dormir. Mas o destino pregou-lhe uma partida.

Quando Raquel estava a saborear o seu jantar, chegou o administrador da empresa. João cumprimentou Raquel e sentou-se na sua mesa. Falaram horas a fio, pois rapidamente perceberam que tinham uma paixão em comum, carros.

Não deram pelas horas passar e quando estavam a despedir--se, entra no hotel o seu chefe. A partir desse momento, começou o inferno de Raquel, apesar de ela não o ter percebido logo. No momento, sentiu um ligeiro desconforto no seu chefe, mas quis acreditar que tinha sido só impressão sua.

Mas não era.

Regressados a Lisboa nada foi como dantes.

Raquel descreve que se sentia perseguida. O seu chefe aparecia de repente na sua secretária, por detrás de si, numa atitude fiscalizadora do seu desempenho. Controlava as suas horas de entrada, de saída e até mesmo as pausas. Nas reuniões de equipa, humilhava-a, denegrindo o seu desempenho, a sua dedicação e atitude.

Analisava ao detalhe tudo o que Raquel elaborava, numa tentativa de procurar erros ou falhas. E nada parecia estar bem, nada era suficiente.

Raquel era sujeita a avaliações por parte do seu chefe e não conseguia obter nota para progredir na carreira. Raquel não percebia, dado que o tempo ia passando, via outros colaboradores serem promovidos e ela continuava na mesma função há dois anos. O argumento era sempre o mesmo, era imatura e precisava de solidificar conhecimentos.

Raquel começou a ressentir-se de tudo isto. Começou com uns ligeiros atrasos matinais até que, por uma vez, se recusou a ir trabalhar.

À medida que se sentia pior, parecia que a sua chefia ficava mais feliz.

Raquel já tinha ouvido uns rumores na copa sobre antigos colaboradores que tinham saído incompatibilizados com o Francisco, mas sempre duvidou que tais histórias dramáticas pudessem ser reais. Agora, arrependia-se de não ter acreditado. Sabia que havia muitas pessoas desmotivadas, que algumas tinham ido ao psicólogo e houve até outras que tiveram de recorrer a baixa psiquiátrica.

Raquel não queria que fosse esse o seu desfecho, mas não conseguia acreditar que Francisco pudesse ser aquela pessoa que os colegas descreviam. Raquel achava que Francisco deveria estar com algum problema pessoal e que tudo aquilo iria passar. Caiu numa das armadilhas da mudança e ficou presa nela.

Demorou dois anos a inverter esta situação. Perdeu dez quilos, viu ser destruída a sua autoestima, a sua vida familiar e a sua saúde. Frequentou durante um ano e meio sessões de psicoterapia e gastou centenas de euros em médicos.

Hoje, quando pensa na situação, Raquel pergunta-se do porquê de nunca ter dito as palavras 'não' e 'basta' ao seu chefe.

Raquel achava que não tinha alternativa, achava que não podia despedir-se porque isso iria destruir a sua carreira. Para além disso, tinha contas a pagar, não podia dizer adeus. Todos os dias era humilhada, perseguida e maltratada, todos os dias sentia-se, nas suas palavras, um farrapo. Mas todas as manhãs, tentava, de forma olímpica, manter o foco, acabando sempre um farrapo. E todos os dias, o farrapo se sentia mais degradado, sem força, sem energia e repleto de marcas. Marcas que ficam para uma vida.

Mais tarde, Raquel retomou as rédeas da sua vida. Não sente que desistiu, sente que venceu. Deixou o idiota do seu chefe para trás e seguiu em frente.

À data de hoje, a Raquel é chefe e todos os dias se esforça para também ela não ser uma idiota. Acedeu contar a sua história para este livro pois acredita que ninguém merece viver o que viveu. Nas suas palavras, nada justifica o tratamento que recebeu. Nas minhas, quando se quer, tudo se consegue, e não há idiota que resista.

Aníbal, um idiota em recuperação

"Não há mal que sempre dure, nem bem que nunca acabe". Nada é permanente, só a mudança. Mas mudar não é um processo fácil. Mudar implica vontade, implica querer e nem sempre nas nossas vidas temos consciência da necessidade dessa mudança.

Assim é a história do Aníbal.

A história do Aníbal é igual a tantas outras. O Aníbal, desde tenra idade, gostava de saber coisas. Muito inseguro, tinha sempre dúvidas das suas capacidades. Na escola, era a muito custo que participava nos trabalhos de grupo. Achava sempre que o iriam prejudicar e a consequência era ter más notas.

Desconfiava de tudo e de todos, pelo que sempre teve poucos amigos. Amigos esses que preserva até hoje. Qualquer pessoa fora do seu restrito círculo de amigos, ativava a campainha da ameaça, impedindo que estabelecesse relações saudáveis com as pessoas à sua volta.

Licenciou-se em direito, segundo ele, para se proteger da própria sociedade.

Teve um percurso profissional notável e cedo chegou a uma posição de chefia. O seu antigo chefe reformou-se e ele era a escolha certa. Tinha capacidade, mas acima de tudo, era a pessoa mais próxima do seu antecessor.

Aníbal não tinha grandes conhecimentos de liderança.

Tudo o que sabia a esse respeito aprendera com o Joaquim, o seu antigo chefe, mas acreditava que se tudo controlasse seria fácil atingir o sucesso.

Mas, o sucesso não veio a acontecer.

Aníbal transformou-se num chefe idiota. Não conseguiu gerar motivação e empenho na equipa e os resultados desastrosos tenderam a aparecer. Num curto espaço de tempo, tornou-se obsessivo com o controlo. Estava sempre a testar a confiança dos elementos da sua equipa, porque simplesmente não conseguia confiar em nenhum deles.

No início, os colaboradores respondiam de forma positiva, mas rapidamente deixaram de o fazer. Sentiam-se cansados e fartos de serem postos à prova. Maria, a mais conversadora da equipa, sentia que respondesse o que respondesse, Aníbal nunca iria achar que podia confiar nela, por isso desistiu. Nas suas palavras, toda a equipa desistiu. Todos começaram a procurar um novo trabalho, o absentismo aumentou e começaram os problemas físicos e psicológicos.

Pouco a pouco, Aníbal foi perdendo a noção da realidade, vivia em constante sobressalto, achando que tudo e todos eram uma ameaça.

Passou a adotar rituais estranhos. Era o primeiro a chegar e o último a sair. Entrava mais cedo para ver as mesas dos colaboradores, para saber se existia algum sinal de ameaça. Ia à copa nas pausas, para espiar a equipa e perceber se os seus subordinados estavam a levar a cabo uma conspiração contra ele. Repetia esse ritual vezes sem conta.

Hoje, Aníbal considera que tudo isto não era normal. Na altura, não percebia a reação dos seus pares ou da sua esposa quando conversavam ao jantar.

Rapidamente, este comportamento se alastrou à família, esposa e filhos. A situação estava incomportável e na iminência do divórcio, Aníbal pediu ajuda.

Passaram dois longos anos, anos de muito sofrimento, traduzidos em alterações significativas de hábitos de décadas. Houve avanços e recuos, como em tudo, mas sem perder o foco, conseguiu ir atingindo pequenos objetivos.

Perdeu mais de metade da sua equipa, mas não voltará a cometer os mesmos erros. Sente vergonha do Aníbal que era e dos comportamentos que adotou. E sente também que recordar quem já foi, dá-lhe coragem para não o voltar a ser. Sabe que teve comportamentos desumanos, que causaram sofrimento nos membros da sua equipa.

Hoje lembra-se de tudo e hoje tem uma visão totalmente diferente. Nas suas palavras acha que é um idiota. Nas minhas, é um idiota em recuperação.

CONCLUSÃO

*Que nunca ninguém
mais tenha que
sobreviver a um chefe
idiota sem que seja sua
escolha fazê-lo.*

Espero que tenha sido tão prazeroso para si ler este livro como foi para mim escrevê-lo. Obrigada por fazer parte desta história.

Todos os dias ouvia nos cafés, nos restaurantes, no metro, nos corredores das organizações, ou mesmo em conversa individual, desabafos de pessoas sobre o quão idiotas eram os seus chefes.

Observava o olhar de todas estas pessoas e constatava sempre que era um olhar triste e vazio. Pareciam-me doentes, cinzentas e sem rumo.

Sentia-me impune! Sentia que era fundamental fazer qualquer coisa para ajudar aquelas pessoas. E assim o fiz, escrevi este livro. Cabe-lhe a si, agora, fazer o resto.

**_Que nunca ninguém mais
sofra por ter um chefe idiota.
Que nunca mais ninguém
se transforme num idiota!_**

Estamos perante um produto inacabado, é certo. Provavelmente não coloquei aqui todas as dicas, todas as estratégias, mas aqui encontra o primeiro passo a dar. A si, cabe-lhe continuar o caminho e criar as suas próprias estratégias.

Que seja o primeiro passo rumo à sua felicidade e bem-estar, uma fonte de inspiração e motivação.

Irão existir avanços e recuos, como em tudo. A vida nem sempre se faz em linha reta, mas não perca o foco.

Termino com um excerto de um poema que gosto muito de Miguel Torga, para lhe servir de inspiração e guia nesta jornada:

Recomeça...
Se puderes
Sem angústia
E sem pressa.
E os passos que deres,
Nesse caminho duro
Do futuro
Dá-os em liberdade.
Enquanto não alcances
Não descanses.
De nenhum fruto queiras só metade.

Excerto do poema Sísifo, de Miguel Torga, in Diário XIII

POSFÁCIO

por **Manuel Marques**

Ator

Quando a Vera me convidou para escrever o posfácio para o seu livro, percebi logo que não ia ser uma tarefa fácil. Assim de repente, não me veio à cabeça nenhum chefe idiota com quem tivesse trabalhado.

Aproveitei então para fazer uma análise aos meus vinte anos de carreira e percebi que sou um sortudo, pois tenho trabalhado ao longo deste percurso com pessoas que admirava muito antes de começar a trabalhar e com pessoas que passei a admirar profundamente.

Apesar de na minha profissão não ter um chefe direto, com quem tenha que lidar das 9h às 18h num escritório, tenho pessoas que me dirigem em estúdio, muitas vezes num ambiente de bastante pressão. Felizmente, sempre foram pessoas que me desafiaram, que me fizeram sair da zona de conforto e que me impulsionaram a ser o ator que sou hoje.

Costumo dizer que o meu verdadeiro chefe é o público, pois se é quem mais me valoriza também pode ser quem mais me critica, se não der o melhor de mim. No fundo, tenho milhões de chefes, os quais quero satisfazer, indo ao encontro das suas expectativas em relação ao meu trabalho.

Ser consensual não é tarefa fácil e, sinceramente, nem sei se possível. Exige foco, trabalho árduo e muita dedicação. A vantagem de ter muitos chefes é que a motivação também me é dada diariamente, através do reconhecimento, positivo ou negativo, que cada um deles me vai dando.

Não tenho, sorte a minha, uma grande experiência para conseguir dar conselhos sobre chefes idiotas.

Mas posso dizer, por experiência própria, que nem sempre somos reconhecidos ou valorizados, porque também, muitas das vezes, os chefes não conseguem tirar o melhor de nós.

Porém, se conseguirmos manter o foco e dar o nosso máximo, acredito que um dia esse reconhecimento virá.

Se nos conseguirmos automotivar e acreditar que podemos ser cada vez melhores, os nossos resultados mudam. E a vantagem é que um dia os chefes também!

Manuel Marques

Ator